大展好書　好書大展
品嘗好書　冠群可期

大展好書　好書大展
品嘗好書　冠群可期

老拳譜新編 20

少林衣鉢真傳

升霄道人 著

陽少陽會於大杼第一相下兩旁去脊中一寸五分臨中內
抵腰中入循脊絡肾○難經曰督脈任脈四尺五寸共合九尺
王啟玄曰腦戶為督脈足太陽之會故也
脈督脈也名曰以衛中一寸五分隨中兩傍
為經曰督脈行脈四尺五寸共合九尺
相連任太陽之會故也
二脈一渥古曰督者都也為陽脈之都剛任
猶天如海藏曰陰蹻陽蹻同起跟中
見澤如之下乃水湛而相椄
於身之前一行於身之後人身之有任
佰陽分可以合分之以見陰陽之不離合
居此二而一者也

大展出版社有限公司

國家圖書館出版品預行編目資料

少林衣鉢真傳 ／ 升霄道人　著
——初版，——臺北市，大展，2016〔民105.06〕
面；21公分 ——（老拳譜新編；26）
ISBN　978－986－346－116－6（平裝）
1. 少林拳
528.972　　105005421

少林衣鉢眞傳

著　　者／升霄道人
校 點 者／常 學 剛
責任編輯／王 躍 平
發 行 人／蔡 森 明
出 版 者／大展出版社有限公司
社　　址／台北市北投區（石牌）致遠一路2段12巷1號
電　　話／（02）28236031・28236033・28233123
傳　　眞／（02）28272069
郵政劃撥／01669551
網　　址／www.dah-jaan.com.tw
E－mail／service@dah-jaan.com.tw
登 記 證／局版臺業字第2171號
承 印 者／傳興印刷有限公司
裝　　訂／眾友企業公司
排 版 者／弘益電腦排版有限公司
授 權 者／山西科學技術出版社
初版1刷／2016年（民105年）6月

定 價／230元

策劃人語

本叢書重新編排的目的，旨在供各界武術愛好者鑑賞、研習和參考，以達弘揚國術，保存國粹，俾後學者不失眞傳而已。

原書大多為中華民國時期的刊本，作者皆為各武術學派的嫡系傳人。他們遵從前人苦心孤詣遺留之術，恐久而湮沒，故集數十年習武之心得，公之於世。叢書內容豐富，樹義精當，文字淺顯，解釋詳明，並且附有動作圖片，實乃學習者空前之佳本。

原書有一些塗抹之處，並不完全正確，恐為收藏者之筆墨。因為著墨甚深，不易恢復原狀，並且尚有部分參考價值，故暫存其舊。另有個別字，疑為錯誤，因存其眞，未敢遽改。我們只對有些顯著的錯誤之處，做了一些修改的工作；對缺少目錄和編排不當的部分原版本，我們根據內容進行了加工、調整，使其更具合理性和可讀性。

有個別原始版本，由於出版時間較早，保存時間長，存在殘頁和短頁的現象，雖經多方努力，仍沒有辦法補全，所幸者，就全書的整體而言，其收藏、參考、學習價值並沒有受到太大的影響。希望有收藏完整者鼎力補全，以裨益當世和後學，使我中華優秀傳統文化承傳不息。

為了更加方便廣大武術愛好者對古拳譜叢書的研究和閱讀，我們對叢書作了一些改進，並根據現代人的閱讀習慣，嘗試著做了斷句，以便於閱讀。

由於我們水準有限，失誤和疏漏之處在所難免，敬請讀者予以諒解。

前言

為了推動傳統武術文化的研究更加深入和廣泛，瀚海文化工作室將陸續推出一些具有一定代表性和整理價值、文化價值、史學價值的文獻資料，以供武術文化研究者們參考之用，這本《少林衣缽眞傳》就是其中的一種。

長期以來，許多研究者都在關注編撰者署名為「升宵道人」的一批拳譜。這批拳譜名稱各異，分別叫做《螳螂拳譜》、《少林衣缽眞傳》、《少林衣缽》、《少林武譜》、《短打秘鑰》、《螳螂武法譜》、《道家傳眞功拳譜》、《福居羅漢短打拳譜》、《少林繪像羅漢短打拳譜》，等等。研究者對這些名稱不同、內容接近但又不完全相同的拳譜，做了仔細

比較，並就其作者身份、成譜年代、承傳歷史、相互關係、內在聯繫等等一系列問題，進行了橫向、縱向的多方位研究，且獲取了不少成果。然而實事求是地說，由於可供參考的相關文獻資料匱乏，上述的研究得出的結論，或多或少都有偏頗。

根據我們多年發掘、收藏、整理的資料判斷，到目前為止，我們所能見到的文字資料，僅僅是其中的一部分或一小部分，較為完整或比較完整的文字資料還沒有見到過。或許正因為獲得完整的資料是如此之難，許多研究者的研究成果出現偏差、疏失，也就可以理解了，這也恰恰證明了武史研究工作艱難的境況和現狀。

儘管還沒有發現完全令人滿意的完整拳譜，但相比較而言，我們認為在山西太原意源書社所收藏的眾多老拳譜的抄本、刻本中，這本《少林衣缽眞傳》還算較為完整。這本拳譜，就其內容和資訊含量而言，具有以下兩個特點：其一，約成譜於乾隆時期或者更早，成譜時間早於目前所見的其他同類的大部分拳譜資料；其二，此拳譜內容相對完整，基本涵蓋了現在能見到的其他拳譜資料的內容，補充了其他拳譜在承傳抄寫時散佚、破損而造成的缺失，也彌補了歷史上拳家們因保守而故意刪改、錯抄、漏抄、省略變造等的缺憾，通篇看來，較好地保持了其原始風貌。因此，選定這個拳譜作為相關系列研究的基礎底本出版，具備參考研究的價值，有利於推動此項研究工作更好地開展。

由於我們學識的淺薄，辨識能力的有限，在遴選古舊拳譜文獻資料的過程中，可能存在疏漏或偏執一隅之處，在此，我們眞誠地希望高明之士不吝賜教，對我們的工作予以斧正。

瀚海文化工作室

目錄

太祖招緊納士

以太祖的長拳起首，韓通的通背為母，鄭恩的纏封尤妙，溫元的短拳更奇，馬籍的短打最甚，孫恒的猴拳且盛，黃祐的靠身難近，綿盛的面拳飛疾，金相的磕手通拳，懷德的捽捋硬崩，劉興的勾摟採手，譚方的滾漏貫耳，顏青的占拿跌法，林沖的鴛鴦腳強，孟甦的七勢連拳，崔連的窩裡部錘，楊滾的棍將直入，王朗的螳螂總敵。

短打緊要

進退、虛實、躥跳、出入、閃轉、騰挪、開合、收閉、長短、起落、剛柔、硬軟，各有所長，甚勿竦忽。

夫短打之要訣，總是八八六十四門、九九八十一化，有中門三十二、左右三十二。知此門路，方可入手。化者，入手而變也，亦可變

化無窮矣。

翻車轆轤錘，六六三十六。八打八不打，八剛十二柔。

七十集連拳，總是十八湊。全身十二錘，閃轉雙身扣。

八　打

一打眉頭雙睛，　二打唇上人中，　三打穿腮耳門，

四打臂後骨縫，　五打脇內肺腑，　六打撩陰高骨，

七打合膝虎頭，　八打破骨千金。

八不打

一不打太陽為首，二不打對正鎖口，三不打中心兩壁，

四不打兩脇太極，五不打海底撩陰，六不打兩腎對心，

七不打尾閭風府，八不打兩耳扇風。

八剛

一剛太山壓頂，二剛迎面直統，三剛順步雙掌，
四剛疊肘硬攻，五剛貼門靠壁，六剛硬崩伏底，
七剛左右雙棍，八剛捽捋兩分。

十二柔

見剛而回手，入手而偷手，截手而滾手，掍手而漏手，
直通而勾手，採手而入手，摟手而進手，磕手而入手，
撲手而進手，挑手而入手，開手而疊手，粘手而破手。
以上皆柔能克剛之法也。

諸家手法，各有所解，如取上而打下，打下而取上，裡門反外門，外門反裡門，入手而即提步，提步而即入手。務要先明進退出入、閃賺騰挪、長短起落、開合收閉之手法，然後窮究其理，而此中之精微奧妙，方可一點即悟矣。

長有七長之妙，短有八短之強。順步偷手、搖步入手、纏封雙掌、迎面通槌、剿手破掌、反身疾入、韓通通臂，此七長之妙也；迎面頭錘、靠身臀錘、蹲身膊槌、粘拿胸槌、雙膝、兩肘四槌，此八短之強也。虛則實進，實則虛出，虛虛實實，隨手而入，臨時能變，方稱魁士。若後世之學者，須時時悔悟，照譜虔心，何愁不成哉。

當中行手三十二門要訣之法（連拳歌訣）

雙手過腦飛當空，抱頭連步取當中。

提步閃賺看形影，劈破中門壓當頂。
四馬一步倒提杵，偷手翻身掍海底。
蹲身連拳疾蹤跳，鷂子翻身黃龍罩。
崩砸穿腮洗虎臉，偷漏圈錘取腦眼。
砍掌貼壁入扽肘，磕肘破肘起後手。
黑虎掏心連步肘，撲手偷手砍鎖口。
連拳入手窩裡剖，雙勾合手回舊道。
貼門閃賺疾收閉，夜叉探海手撲地。
燕子雙飛伏井底，困龍出蟄翻身起。
鯉魚翻身打臂岔，順子投井盤腰胯。
陳摶大困十八捆，鷹拿燕雀連九滾。
野馬上槽險上險，大鵬挺翅回身轉。

青龍擺尾剿雙手，纏封提步反身閃。
纏攬偷手打對膝，縱步起手迎虎臉。
崩開轅門忝兩壁，雙手抱月心窩占。

左門十六門貫耳破通臂手法之要訣

縱步起手貫耳槌，提步卦面加通臂。
蹲身壁手入雙掌，上下左右加螳螂。
迎面扽手雙趕月，閃賺雙勾撲手掌。
且加原拳還原拳，崩開轅門迎面闖。
底漏尖叉起護眼，燕子別翅黃龍反。
勾摟通背連三掌，滾漏粘掌臉對臉。
摟按護眼偷漏手，崩錘穿腮連步肘。

騎馬順步推雙掌，裡磕外磕忙偷手。

右門十六門通臂破貫耳手法之妙也

出手眉頭先下掌，左右摔捋劈面闖。
迎面前手跟後手，撲手漏手疊雙肘。
伯王拽弓入單手，提走雙棍海底偷。
鷂子反身雙棍捋，倒提翻身回馬走。
搖步左右燕子啄，入步頭錘撩陰腳。
搬肩採手忙起膝，逼膝雙指取眼窩。
鯉魚擺尾纏勾腿，偷手尖叉加崩（點校：原稿作蹦）閣。
白虎洗臉迎面罩，比手貼壁用大靠。
遍身長短十二要，手法散亂忙踨跳。

若遇方外雲遊客，舉手無情方才妙。
鬧裡奪粹失一著，後悔當年未受教。
虛心求師訪名友，何愁分筋難得竅。

手法總敵（即螳螂打也）

見剛而提步，回手而貼壁，起手而即雙掍。

中心而出手，見截手而偷手，偷手而急入肘，入肘而崩（點校：原稿為蹦）錘，崩（點校：原稿為蹦）錘而即還步；還步而直統，遇直統而即磕，逢磕手而即滾；若滾漏而即雙勾，逢勾而即崩砸（點校：原稿為攤），崩砸（點校：原稿為攤）而即閃步，閃步而進護眼；見護眼而即底漏，底漏而採手，採手而即粘拿，逢粘拿而入頭錘；入頭錘而必下底勢，逢底勢而雙手過腦，打下而取上，取上而即捎下，取左須要防右，打右一定防左。

十八門路之中，招之即打，打之即招，連招帶（點校：原稿為「代」）打，連打帶（點校：原稿為「代」）招，不招不架，定是通家，若是招架，雖真是雖（點校：疑為「雛」字）家。後學之士，窮究其理，洵精微奧妙，此乃柔能克剛手法之神著。

諸家短打甚出奇，四面八方莫能入。
小能制大寸逼丈，太祖長拳也不及。
穆陵關前比過武，以後少林卻刪集。
若還學成截脈客，天下雲遊誰敢敵。

夫長拳即短打，短打即長拳。總而言之，皆同一理。若得真傳實受，亦可謂一世之妙也。

短打十戒

(1)勿自恃豪強，越理犯分，悖逆爭鬥，致千人怨，而犯天譴。

(2)橫逆相加，只可說理排解，勿妄動手腳。即萬不得已，亦須打有輕重，宜安六竅，免致傷人。

(3)遇遊方教師，勿與比試，致人失利敗名，而立無容身。

(4)無故不可對手，好勝莫與交鋒。即迫逼難已，寧甘下風。

(5)背地無毀譏他人，以顯己能。

(6)須傳忠誠有志之士、平易謙恭之人。匪僻之徒，絕不可傳。

(7)強橫無義者不傳。強橫則為亂，無義則負恩。逄蒙之事可鑒也。

(8)求教不誠者勿傳。心既不誠，學亦不篤，傳之何益？徒勞精神耳。

(9)不傳則已，傳則何多何少，俱用真實手法，勿持外道以欺人。

(10)遇孤懦無主、被人欺逼太甚，不妨代為出氣，然亦須有分寸，斟酌行之。

西域羅漢得道眞詮　目錄

仙人拱手

束手緊腰，逼氣全神，第一勢。

交指翻掌，推送雙手，第二勢。

屈膝下腰，伏底施禮，第三勢。

霸王舉鼎

雙手分水，兩腳掙力，第一勢。

雙槌分襠，搬鞍騎馬，第二勢。

大鵬挺翅，全身使力，第三勢。

力舉千斤，提杆騎馬，第四勢。

金盤托月，全身積力，第五勢。

左右插花

雙手扶鉅，兩腳並立，第一勢。

仙人指路，騎馬屈膝，第二勢。

單手過腦，逼氣實腹，第三勢。

垂鉤抱脇，屈膝勾腳，第四勢。

雙手交合，收功提氣，第五勢。

枯樹盤根

犀牛望月，推送雙掌，第一勢。

鷂子翻身，窩裡抱槌，第二勢。

海底撈月，屈膝下腰，第三勢。

背面回手，貼閉收功，第四勢。

夜叉探海

單手舉鼎，第一勢。

屈膝撲地，第二勢。

單槌逼脇，第三勢。

把灣拘水，第四勢。

推窗亮格

來往扭鉅，第一勢。
推山把木，第二勢。
提綱撜力，第三勢。
迎風雙掌，第四勢。

老僧入禪

降龍伏虎，第一勢。
逼襠劈岔，第二勢。
分襠騎馬，第三勢。
燕子雙飛，第四勢。

鐵牛耕地

背面定息，第一勢。

併立逼穴，第二勢。

拔力分筋，第三勢。

攢拳積力，第四勢。

青龍擺尾

掌腿合手，第一勢。

揚鞭跨（點校：原文為騎）馬，第二勢。

提步纏封，第三勢。

招前擋後，第四勢。

左右騙馬

扣手獨立，第一勢。

鐵門撜膝，第二勢。

燕子啄水

抽樑換柱，第一勢。

回馬撲蟬，第二勢。

翻身合手，第三勢。

金雞獨立，第四勢。

虎奔人身

兩脇扇風，第一勢。

四柱懸空，第二勢。

死蛇搨地，第三勢。

胸前掛印，第四勢。

陳摶大困

井底栽花，第一勢。

攢拳劈岔，第二勢。

劉全進瓜，第三勢。

浮水度力，第四勢。

父子三請禮

翻身撞槌，第一勢。

把力千斤，第二勢。

翻手扣手，第三勢。

霸王掖弓，第四勢。

鯉魚打挺

黃龍翻身，第一勢。

屈弓扣弦，第二勢。

張遼獻袍

起膝抱月，第一勢。

撜力屈膝，第二勢。

雙槌硬崩，第三勢。

跨（點校：原文為骻）馬勒韁，第四勢。

金鉤掛玉瓶

避日交脛，第一勢。

疊身存臂，第二勢。

擎天玉柱，第三勢。

行畢照前功，仙人拱手站定。

繪像羅漢短打全式

升霄道人重集

大祖長拳甚可嘉，天下雲遊訪大家。
鬧裏奪粹高一著，韓通從此把命寉。
強中自有強有手，何須稱強太自誇。
鄭恩傍觀看得破，通臂猿猴更不差。
誦拳又被纏封打，止顯他人不顯咱。
寰中武士參不透，深如東洋細如麻。

回馬連還勢

回馬轉身連還攢，
對心入錘勢面攛。
須要前手跟後手，
左右盤肘實看觀。
前蹬後撲翻身走，
猛虎撲食手當先。
韓通一根通背骨，
預備纏封放心寬。

鐵牛耕地勢

鐵牛耕地逼拳短，
縱步起手取虎臉。
回馬一步連還腳，
青龍擺尾回身轉。
縱步蹲身臥肚錘，
硬崩實砸取腦眼。
雙拳連步居中間，
左右斜步兩下閃。

掖行翻身勢

回馬逼手入反拳，
提步捽捋迎兩邊。
勾摟通背連三掌，
扽手扽肘鐵門拴。
撲手漏手疊雙肘，
頭錘起膝兩拔肩。
大鵬挺翅回身轉，
雙手抱月取心尖。
雙勾合手即收閉，
青龍擺尾鯉魚翻。

金雞獨立勢

二郎擔山實不忙，
金雞獨立在中央。
懷中抱月掛面腳，
反身一步下底堂。
蹲身出手迎面掌，
左右騙馬腿發狂。
出身拗步即雙掌，
四封四閉短逼長。
若能習成太祖拳。
招前當後一堵牆。

轉身縛虎勢

太祖長拳堪傳，
八步六回可觀，
七星四平居中間，
左右斜步拗拳。
底勢要下身法。
左右跨虎登山。
圍槌一步轉右邊。
倒回踪跳周全。

騎馬邊勾勢

騎馬一步用邊勾，
腴脇一槌即忙收。
天然一根通背骨，
招前當後撞幽州。
提步回手翻身內，
雙拳護耳似牤（點校：原稿為「蟒」字）牛。
統拳最忌纏封破，
穆陵關前把命休。

跨馬提綱勢

逼住雙錘緊伏底，蹲身出手打對膝。
拔步纏攬靠身撞，翻進中門起頭膝。
迎面一掌肫入肘，
回馬偷手取海底。
蹲身趕月忙踪跳，
翻身擺尾連步出。
左右騙馬下底勢，
朝天一柱千斤舉。
翻身偷步剁子腳，
一併雙錘隨腿出。

高吊背弓勢

逼手入拳撩陰腳，
左右拮背燕子啄。
回身一步迎面罩，
中心見槌即忙磕。
裏外兩門加摟按，
迴身轉鞍剁子腳。
起腿必用回馬掌，
合手又加八叉腳。
提步蹲身忙踪跳，
翻身出手起崩閣。

仆腿扶鋸勢（點校：原稿「仆」為「鋪」，原稿「鋸」為「鉅」）

仆（點校：原稿為「鋪」）腿卻是盤跌，雙錘過腦當先。
盤起左邊轉右邊，翻身把步滾連鑽。
合手一步倒提杵，崩掌纏封鐵門關。
翻車轆轆倒取卵，迎面直出通背拳。
翻身蹲步提肩，雙手入捶星趕月，提步回手忙返。

撒馬大刀勢

一並雙槌手當空，
崩砸捽捋加纏封。
任他千盤萬樣勢，
大刀一舉鬼神驚。
回身出手撩陰腳，
金雞獨立取當空。
斜平只用騙馬勢，
翻身偷步野雀蹬。
搬住手彎破骨跌，底堂卻用兩腿掙。
中平站定連拳勢，恰似霸王硬上弓。

掖行雙刀勢

回身翻拳加捽捋，
底漏尖叉起崩閣。
白虎洗面翻身轉，
鷂子掏心鷹捉腳。
內藏一手通背槌，
左右插花燕子啄。
提步閃轉下底勢，
迎面攛槌連還腳。
鳥龍探爪三轉身，
中堂站定連還磕。

跨（點校：原稿為騎）馬大刀勢

出手貫耳來回掌，
提步回手窩肚闖。
截手回手閃一步，
遂手入手取乍額。
合手採手使背劍，
偷手連肘即兩慌。
擺尾纏腰蹬摟跌，
力慊藝全使勉強。
鷂子翻身起手腳，
任他滾跌難遮當。

仆（點校：原稿為「鋪」）腿盤跌勢

左右盤槌裡破膝，
把步連滾翻身起。
回手一步迎面罩，
野馬上槽緊伏底。
一出一入回身轉，
開手合手打對膝。
粘衣卻有十八跌，
鷹拿燕雀雙手舉。
行手全憑要訣妙。
跌打擒拿合乎理。

擸槌逼當勢

出手眉頭先下掌，
左右捽捋轅門闖。
迎面前手跟後手，
偷手漏手疊雙肘。
黃龍翻身雙掍捋，
霸王拽弓入單手。
扳肩彩手忙起膝，
倒提翻身回馬走。
夜叉探海手撲地，
縱步起手打鎖口。

掖行趕月勢

掖行趕月雙回手，
採手蹬掌取脥脅。
入步蹲身破剎腿，
通背連還人人嚇。
百發百中手無空，
奧妙無窮誰敢滅。
千頭萬緒難遮擋，
暗藏通背看不徹。

崩槌掏心勢

六迴還同八步，
前後左右皆然。
掃堂八步滾連簪，
防避蘇秦背劍。
左右騙馬起腿，
伯王舉鼎當先。
刪捋內藏崩閣拳，
步法還要倒轉。
入步之總勢。

長拳入手實堪誇，
韓通奧妙眼乖花。
翻身回馬撩陰腳，
崩紮合手更不差。
鐵牛一步下底勢，
太山壓頂折金瓜。
蹲身抱頭心窩打，
捽捋一槌又取他。

應人換勢一根骨，
提步閃賺雙手撲。
迎面入槌即躥跳，
縱步起手似猛虎。
野馬上槽靠身打，
拔步扳肩加蹬摟。
蹲身攢拳香一炷，
出手入手鸞鳳舞。
靠身疊肘揀馬點，
雙手貫耳鳴天鼓。

扣手崩槌忙翻身，
劈開中門似車轉。
合手陰陽疊雙肘，
直取太極點上唇。
抱頭繆手打底門，
翻身又加螳螂打。
搬肘閣腦取後心，
鷂子翻身岔襠跌，
納肩底頭即翻身。
野馬上槽迎面闖，
硬取中門翻外門。

撐腿蹲身雙手扣，
力劈中門分左右。
掩手即出撩陰腳，
据前扭身忙當後。
尖叉加手破骨打，
順子投井無解救。
翻身起手加棍捋，
硬取左門須防右。
起上打下皆一理，
閂住鐵門十八湊。
硬崩實砸遂手入，
合法全實雙手扣。

出手通背加閉手，
遲疾全要跟後手。
採手代封窩裡剋，
左右摔捋忙疊肘。
搬肩叉頭單起膝，
回身扭腰出一步。
蹲身纏封推雙掌，
挑手入手取高骨。
蹲身入步連還肘，
崩開盤肘入後手。
迎面直統回身走，
要訣全憑通背骨，
取上打下賽猛虎。

崩槌過腦飛當定，
抱頭連步取當中。
提步閃賺兩閉統，
劈破中門壓當頂。
回馬一步倒提杵，
偷手翻身掍海底。
蹲身一步疾蹤跳，
鷂子翻身黃龍罩。
底漏尖叉虎洗臉，
偷漏扣手取腦眼。
黑虎扒心連步肘，
撲手偷手砍鎖口。

硬崩實砸兩腿撐，左右捽捋加硬崩。
若見中門來一手，裡磕外磕硬上弓。
採手蹲身貼壁靠，捽捋外摟加纏封。
一打眉頭雙睛，二打唇上人中，
三打穿腮耳門，四打背後骨縫，
五打脇內肺腑，六打撩陰高骨，
七打鶴膝虎脛，八打破骨千金。
進退出入蹤跳，虛實閃賺騰挪。
開合收閉，長短起落，
剛柔硬軟，知此門路，
方可入手，入手而化，
變化無方矣。

閉住中門入單手，
全要前手跟後手。
肘膝頭錘靠身用，
轉身扭膝海底偷。
一步纏腰回身轉，
十指劈破連步肘。
天生通背甚出奇，
四方八面卻能敵。
小能制大寸逼丈，
太祖長拳實不及。
穆陵關前比過武，
以後少林卻刪集。

金雞獨立拳當中，
崩砸撩陰實不空（點校：此兩句原稿中無）。
翻身又加翻車拳，
四封四閉手貼胸。
勾漏統錘連三手，
鐵門閂住雙扣手。
底堂又加野雀蹬，
黃龍翻身下底勢。
朝天一炷劈面迎。
若能習成太祖拳，
鬧裡奪粹破韓通。

撐腿閉襠藏單手，
挑起崩砸取鎖口。
劈手入槌跟後手，
十指纏纜忙疊肘。
轉身一步還底勢，
左右盤跌翻身走。
仆（點校：原稿為「鋪」）腿卻是盤跌，
雙錘過腦當頂。
盤起左邊轉右邊，
翻身拔步滾連鎖。

仆（點校：原稿為「鋪」）腿鞭掌下底勢，
拽錘盡靠全身力。
翻身通錘迎面闖，
轉身起腿忙收閉。
縱步蹲身臥肚錘，
翻身踪跳忙收閉。
轉身偷步剁子腳，
底漏尖叉起崩閣。
內藏一根通背骨，
左右插花燕子啄。
黃龍探爪三轉身，
中堂站定連三磕。

閉手入拳當先，
窩裡剋錘加纏攬。
還勢太山壓頂，
回馬轉身倒取卵。
六回還八步，
掃襠八步滾連鑽。
四封採手背劍，
左右彈馬起腿。
伯王舉鼎當先，
反身猛虎撲食。
對心入步劈面攛，
必要前手跟後手，
左右盤肘實堪觀。

八勢

謂八大勢也，
乃八八六十四門，
即八八六十四勢。
各有奧妙莫測，
皆有變化不一，
須要隨機應變，
切勿粗心輕忽。
恐世難解，
逐一分晰注後。

少林秘訣 卷二

仙人拱手勢

以呼吸定息，用逼氣全神。是虛心實腹，養氣血生津。實腹，一使丹田氣滿；虛心，鼻孔提氣存於心。聽其自然行功積力，氣粗則力壯。

二回拱手勢

兩腳併立似繩拴，鼻孔提氣在心間。
交指翻掌全身力，往來抽鋸（點校：原稿為「鉅」）子當先。
呼吸定息精神，水火既濟小周天。
陰陽交合轉輪處，後學只怕志不堅。

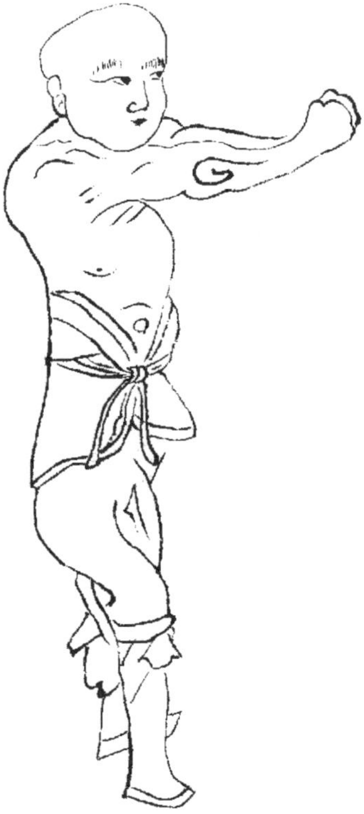

三回拱手勢

當胸出手忙施禮，
屈膝下腰緊伏底。
氣如抽絲細細放，
扣手閉氣翻身起。
兩腳蹬盡全身力，
丹田還氣兩腎居。
回手舉鼎雙抱月，
開合手逼肺呼吸。

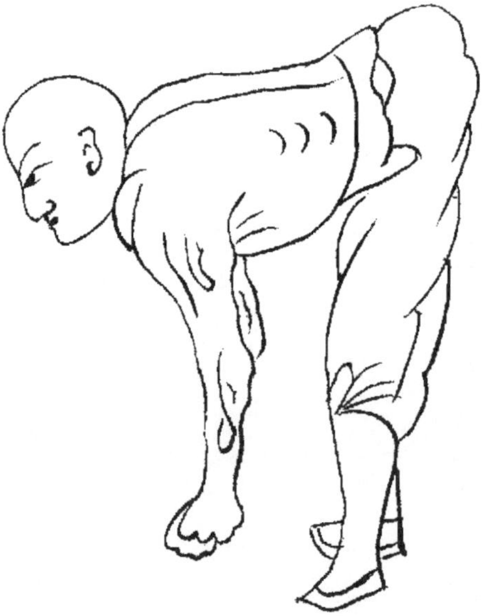

拱手完勢

兩手積力雙手捧，身似彎（點校：原稿為「灣」）弓鯉魚挺。
凹腰腆肚蹬盡力，二郎擔山盤腦頂。
回轉卻用丹田力，攢槌逼脅再重整。

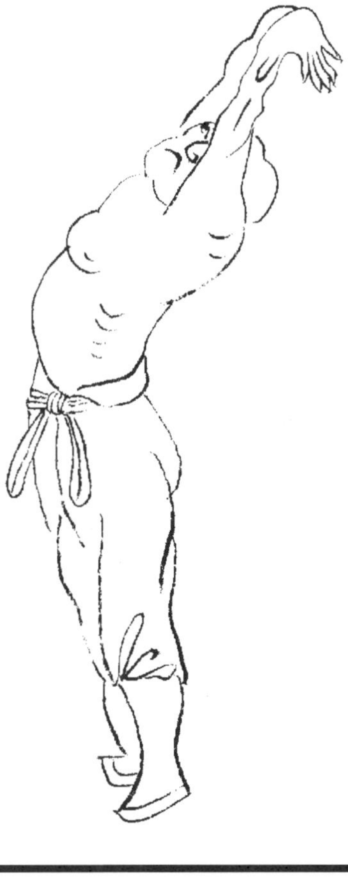

霸王舉鼎勢

當胸分手兩腳撐，
燕兒挺翅懸空中。
肛門一間水火靠，
雙耳掛紅蟬丁了。
起落全安兩臂力，
屈膝下腰腳輕了。
行功如要學得秘，
時刻常存心兢了。

二回舉鼎勢

分水搬岸立後脊，
大鵬挺翅奔千里。
攢拳盤頂忙提氣，
緊咬牙關腮貼閉。
推山用盡拔木力，
氣如抽絲定氣息。

三回舉鼎勢

跨馬勒韁倒提杆，
一起一落千斤舉。
屈膝用盡丹田氣，
兩手抓定翻身起。
風擁海水升太陽，
盤鞍挑蹬逼雙膝。
按定心火資腎水，
胸前掛印行千里。

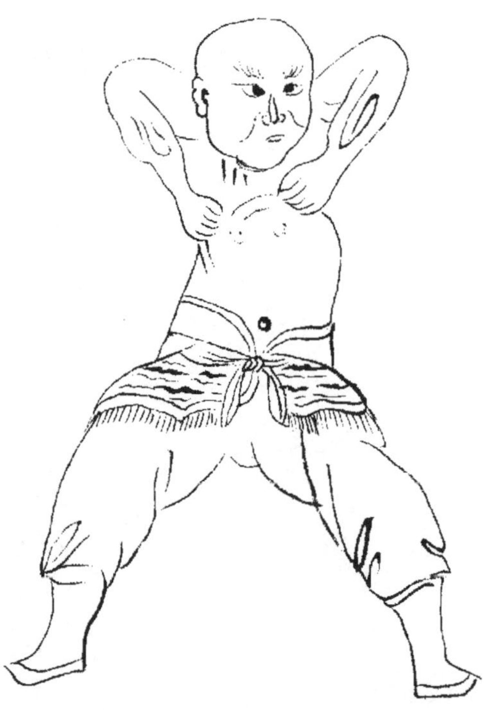

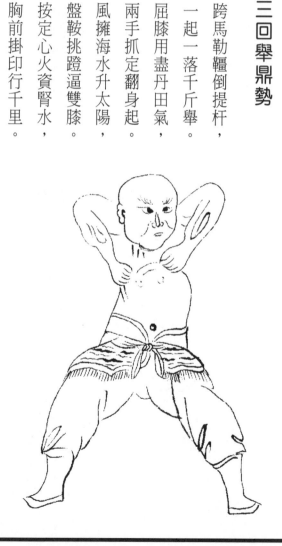

四回舉鼎勢

攢拳分襠雙逼膝，
四肢蹬力悠悠起。
腰肩度盡全身力，
擁倒太山雙手舉。
呼吸定息養神氣，
運動尾閭轉腰脊。

舉鼎完勢

兩手擎天賽玉柱，
雙手往來似撲地。
提滿氣息壯筋骨，
陰陽順逆應節氣。
伸開三百六十節，
氣血合合遇人力。
乾天坤地擁太陽，
鳳凰展翅雲遮日。

左右插花勢

踏地蹬膝似抽鋸（點校：原稿為「鉅」），提肩攢拳吸兩閉。氣虛力怯眼生花，何須勉強積滿力。行功悠悠終須成，莫到煙花閒遊戲。

二回插花勢

仙人指路騎馬勢，
屈膝抱脇提滿氣。
氣滿二十四肢節，
吸肺下腰腳蹬力。
起膝盤腿翻身轉，
回手合掌貼兩閉。
如開心機即一刻，
一旦豁然貫通處。

三回插花勢

推山拔水過頭力，
積成駢脇一口氣。
左右皆同是一樣，
陰陽交合轉太極。
功成全在子午定，
鐵丁屋樑莫思慮。

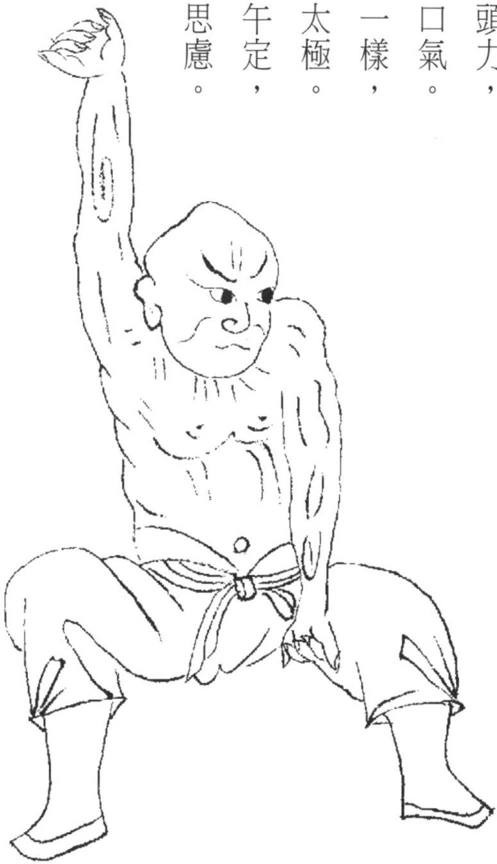

四回插花勢

單手過腦取腳梢，
提氣騙脇漫下腰。
屈膝挑蹬全身力，
智深拔柳萬丈高。
挺胸腆肚逼雙拳，
翻掌合手立樹苗。
滿腹度盡千斤力，
氣如抽絲陰陽交。

插花完勢

兩手交合盤腦頂，
二郎擔山肩背竦。
丹田度尺兩臂力，
亞賽九里霸王勇。
收腿兩腳雙並立，
呼吸定息神氣整。
若還學盡十八勢，
一困八百才夢醒。

楛樹盤根勢

犀牛望月推雙手，翻身扭腰胸前走。
偷步纏勾逼單膝，一出一入積雙肘。
還轉須用兩腿力，提氣呼吸收在口。

二回盤根勢

攢拳腆脇出當胸，一來一往似沖風。
太山壓住頂梁穴，逼住肛門氣挺胸。
傳盡花街入柳巷，按住腎人心不驚。
回頭便知卻是岸，空即是色色即空。

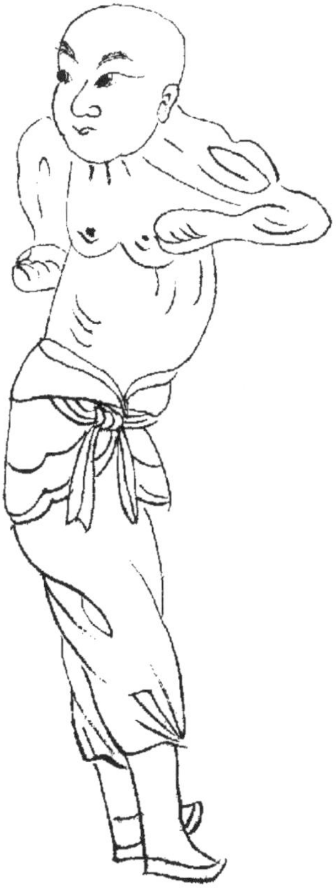

三回盤根勢

海底撈月胸對膝，
兩手撲地官一尺。
鼻內抽絲一口氣，
轉身扭腰悠悠起，
兩腳踏定立腰脊。

盤根完勢

雙手抓定天邊月，背面攢拳逼兩肋。
呼吸蹬盡英雄力，細如牛毛至不滅。
欲要功夫求速成，期定子午分晝夜。
調息一在對刻數，掛印升坐將排列。

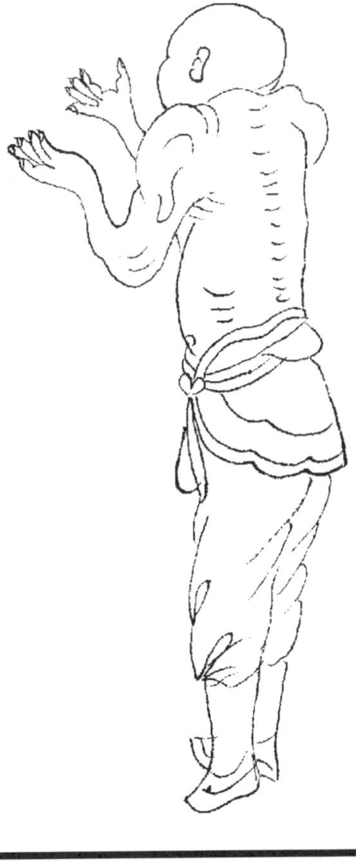

夜叉探海勢

一手逼脇一手舉，一上一下翻身起。
兩腿度盡腰節力，燕子含泥身伏底。
方寸按定一口氣，兩手左右上下劈。
渾身使盡過頂力，閉目全神定氣息。

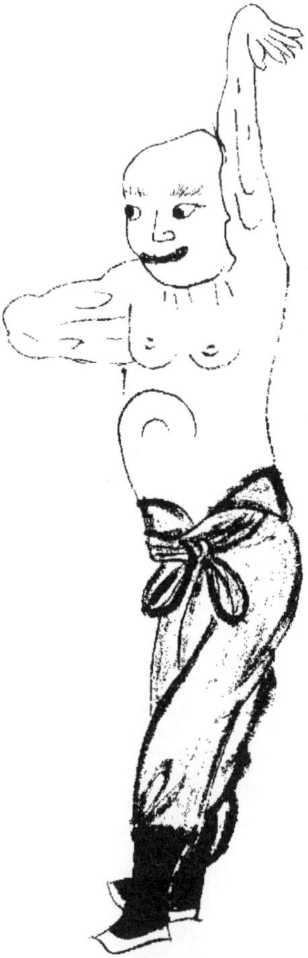

二回探海勢

屈腰抓地膘雙腿，獅子搖頭大撅尾。
恰似單臂（點校：原稿為「背」）擒方臘，
功成力勇志不毀。
仰手擎天賽玉柱，
螳螂撲蟬雙手擂。
挺功站立整神氣，
壓住心火運腎水。

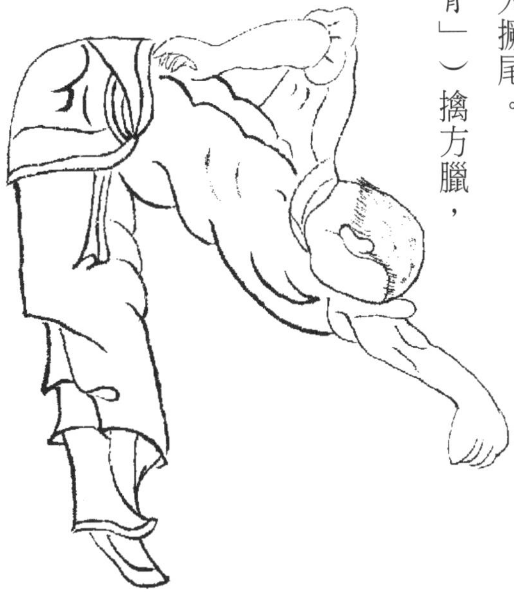

三回深海勢

攢拳頂脇忙扭腰，
兩膀度力勾樹梢。
伸筋拔力生氣血，
推動太極陰陽交。
翻手合掌調氣息，
功成一畢自然高。

探海完勢

腆脇下腰資腎水，
蹬力提肛纏勾腿。
直腰挺盡兩膝力，
翻天覆地似海鬼。
收功即用雙展翅，
鯉魚翻身龍擺尾。
兩踏腳地雲披土，
土培花根花生蕊。

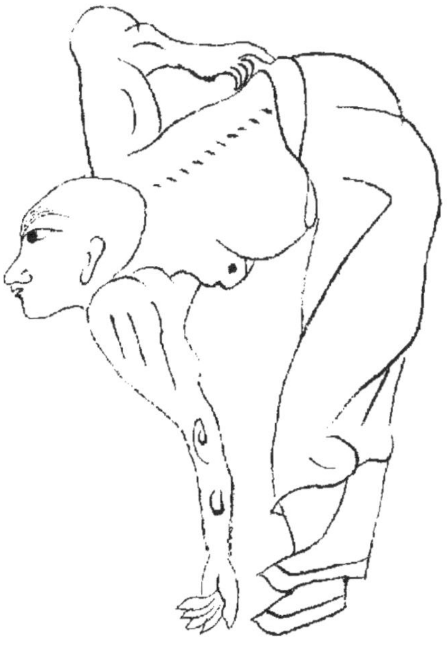

推窗亮格勢

纏封合手逼住氣，
一出一入全身力。
鷂子翻身迎風膀，
一來一往似抽鋸（點校：原稿為「鉅」）。
磨精鏡面開心竅，
膽水往來助兩日。
如同八踏連環腿，
氣盈兩脇腆兩閉。

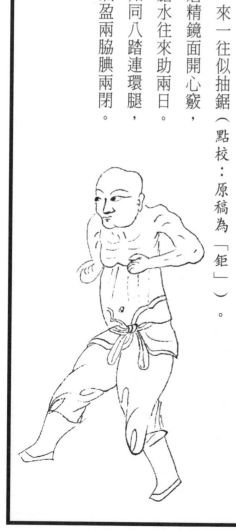

二回亮格勢

度力推動太行山，
仿學沖風馬撒歡。
回手拉倒黃金塔，
豎立長存在身邊。
能戒酒色並財氣，
敢比長眉李太仚。
若能調息陰陽轉，
天作人身人比天。

三回亮格勢

騎馬拽鞭手提韁，
躥山跳澗總不慌。
兩膀蹬盡全身力，
身似玉柱（點校：原稿為「柆」）腿賽梁。
二十四節蹬鐵壁，
轉迎泥灣放日光。

推窗完勢

順步推雙掌，
出手連聲響。
纏封四平勢，
提氣度兩膀。
推出天邊月，
還步院門闖。
調息要還轉，
一來即一往。
養倒氣合血，
一旦筋骨壯。

老僧入禪勢

撐腿腆脇緊閉襠，
明心見性眼生光。
正是老僧坐禪時，
風擺竹影照紗窗。
一盞明燈吹不滅，
夢想紅娘到西廂。
膏肓著床傳書簡，
小僧性烈硬如鋼。
功成志滿按不住，
何須求佛到西方。

二回入禪勢

下腰鋪地勢，
使盡兩膀力。
百節筋骨合，
須要腆兩閉。
挺腰盼日月，
肛門要緊閉。
心腎得見面，
水火須即濟。
周天偏身用，
火車轉太極。

三回入禪勢

二十四節一條脊，
陰陽轉合在尾閭。
肛門提起一口氣，
河螞浮水奔井底。
雙手搬住兩腿力，
蹬膝立腰似石杵。
若得學成金中罩，
何怕槍刀並劍戟。

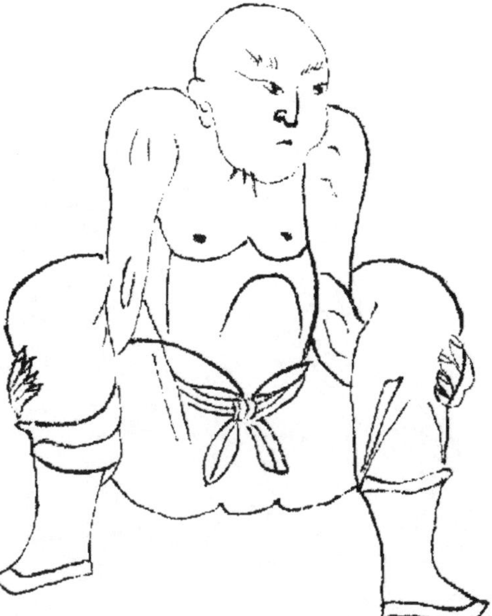

入禪完勢

腿賽石柱雙掌挺，
自然而然氣力猛。
走行常存過人力，
單背擎住千斤鼎。
收功全要定氣息，
兩臂水火似蟲蚣。
習成十八羅漢勢，
敢比李逵下山勇。

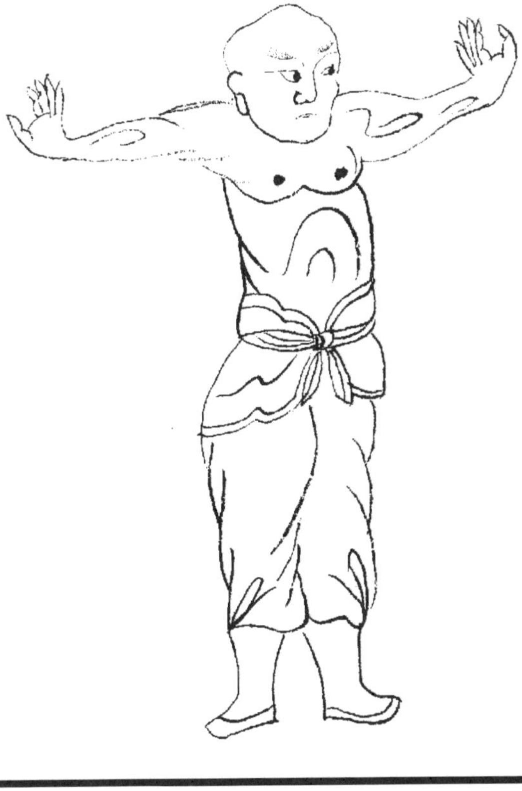

鐵牛耕地勢

垂簾塞對調氣息，舌柱上臥立後脊。
反陰復陽細如絲，心火下降腎水舉。
陰中生陽陽生陰，天地萬物皆一理。
用功純學生氣血，但壯筋骨更腎體。

二回耕地勢

把住三關度盡力，提起肛門閉住氣。
身體堅壯硬似鐵，亞賽金梁似玉柱。
遍身血湧隨氣走，周流江河全不懼。
功要成功人前顯，深藏不漏凶徒避。

三回耕地勢

欲行此功難受苦，
攢拳伏地分筋骨。
兩膀度盡腰腿力，
更比常山子龍武。
心頭若存一口氣，
咬牙切齒似猛虎。
雙手養成鷹（點校：原稿為「鶯」）爪力，
亞賽鋼力強似斧。

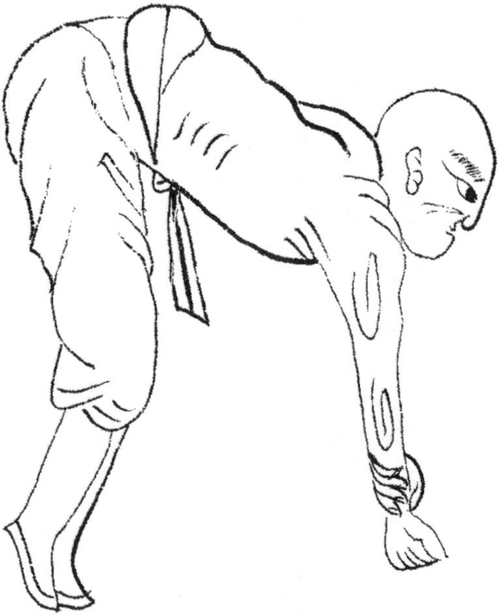

耕地完勢

把住手腕挺兩閉，牽定鐵牛耕沉地。
合手上下往來走，吸起肺金一口氣。
欲得工夫十二成，總是伸筋要援力。
整頓精神合氣血，一切一收照前勢。

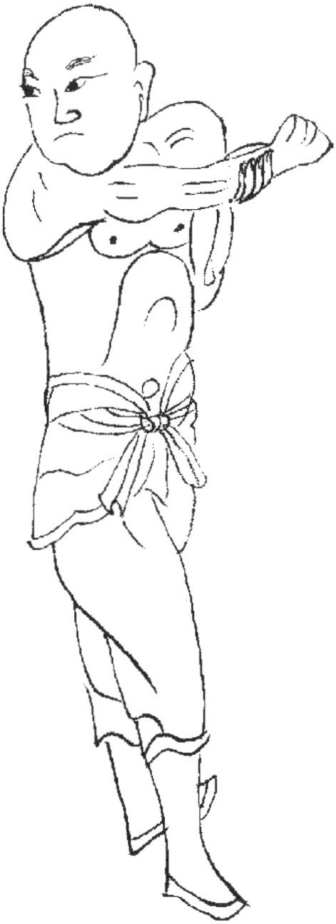

青龍擺尾勢

尾閭一舉存心口，
緊閉牙關忙牽手。
左右盤旋腿相隨，
身似鋼鑽風擺柳。
四肢度盡滿腹氣，
行時起膝好盤肘。
一來一往雙力勢，
前蹬後撲回馬走。

二回擺尾勢

面前牽手似車輪，
總是拔力要伸筋。
一條腰脊左右折，
兩踏腳地緊隨身。
積力全要養氣血，
行功最忌氣兩分。
陰陽合合偏身轉，
呼吸定息暗沉吟。

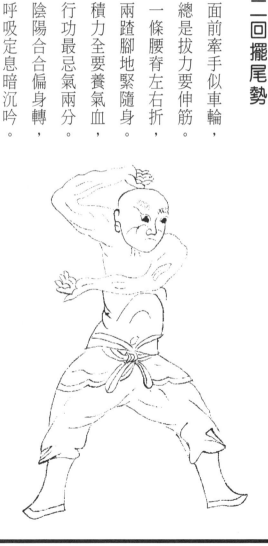

三回擺尾勢

兩膀牽成一股力，
滿腹提盡一口氣。
雙手擺尾忙偷手，
屈膝掙腿腳踏地。
遍身一百二十四節，
春秋夏秋冬按四季。
陰陽一在分時刻，
受氣得節末受氣。

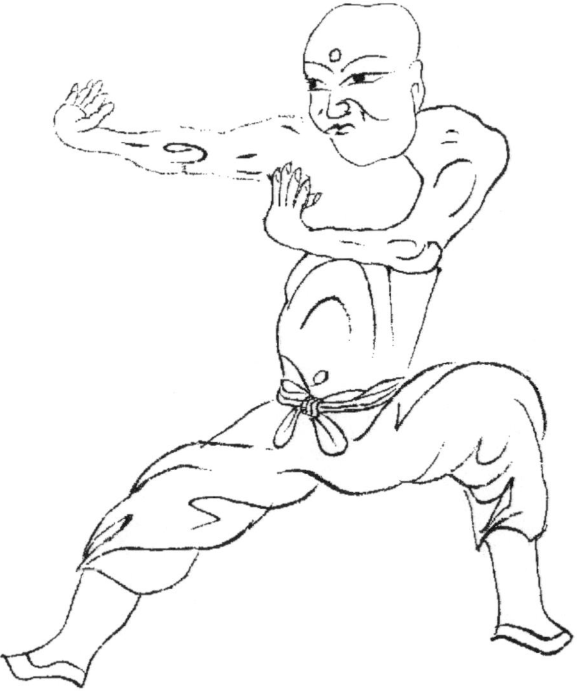

擺尾完勢

按定氣息撩雙掌，
風擺樹梢耳邊響。
總是肺金一口氣，
搖動肝木氣血廣。
要訣全在坎離定，
若動意念心神恍。
百日功成拿得準，
四海遊雲無遮擋。

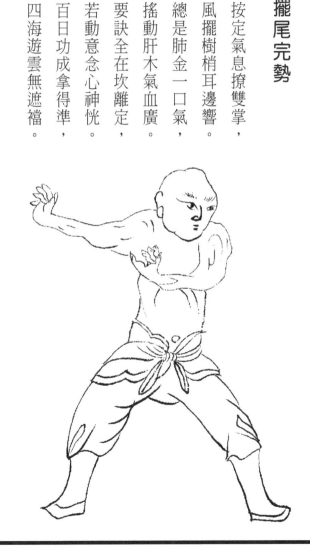

左右騙馬勢

立起腰脊手當胸，
三起三落腿懸空。
獨立朝綱千酌舉，
松鶴萬千卻長春。
吸起脾土培根基，
如得開竅豈肯鬆。
下腰伏腿緊伏地，
能架車輪實可驚。
終是成功顯人處，
九牛二虎力不輕。

騙馬勢完

井底栽花提滿氣，
蹬盡腰脊腿鋪地。
學動須要連三反，
腿懸當空千斤力。
長行積成一股氣，
車碾馬踏莫驚懼。
氣虛力怯壯筋骨，
功成只是行百日。
唯恐轉意志不堅，
伸筋拔力有何趣。

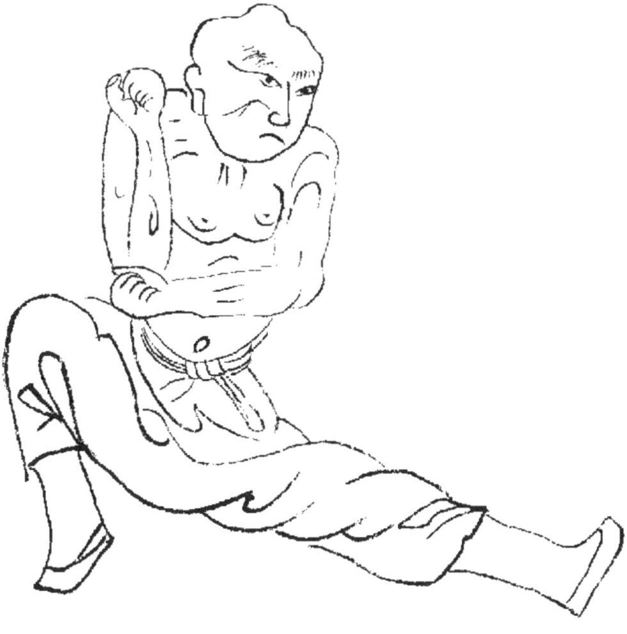

燕子啄水勢

抽樑換柱雙手分，
一左一右兩折身。
蹬盡肘膝一股力，
手起腳落盤腰筋。
提起丹田腰腎轉，
唯恐氣息調不真。
一成工夫十分力，
搖動肝木吸肺金。
千頭萬緒有何慮，
時時勤學得細心。

二面啄水勢

輪開雙手上下劈，
一翻一折忙疊膝。
中心閉住一口氣，
回手扭腰翻身起。
蹦跳蹬力手撲地，
左右盤旋立腰脊。
兩腿用盡全身力，
鷹拿燕雀連三舉。
總是滿腹一股氣，
一呼一吸調氣息。

三回啄水勢

功成一步非等閒，原轉金丹在湧泉。
兩手托定日共月，鎖住心猿是真鉛。
北斗安定星長轉，十二時刻面朝參。
氣行壹百二十節，血湧江河小周天。
把住全在一時刻，
失之最易行最難。
今朝若得回心轉，
悔想桃園二洞仙。

啄水完勢

四肢搖動氣停胸，
獨立起膝懸當空。
捽開百節合筋骨，
左右起手耳生風。
若能兩膀千斤力，
方可與人賭輸贏。
身體受盡千般（點校：原稿為「盤」字）苦，
切磋琢磨便成功。

虎奔人身勢

站定神氣立住根，
提起湧泉蹬腳心。
挺胸腆脅兩臂閉，
出手伸筋十指分。
起提滿腹全身力，
陰陽合合氣血均。
凹腰腆肚手撲地，
折疊疊折節節準。
週而復始分晝夜，
宛住尾閭重分筋。

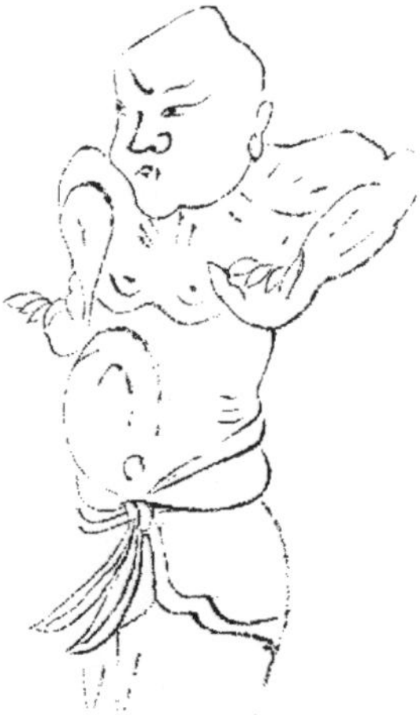

二回虎奔勢

立起四柱挺起身，自然而然架千金。
前撲後縱伸筋骨，提起氣分並血分。
氣湧三百六十節，
周流合血遍舒筋。
四肢蹬盡周天氣，
閉住肛門即翻身。
呼吸定息悠悠放，
龍虎交會便虛心。
子午卯酉安時刻，
一遍成功一遍親。

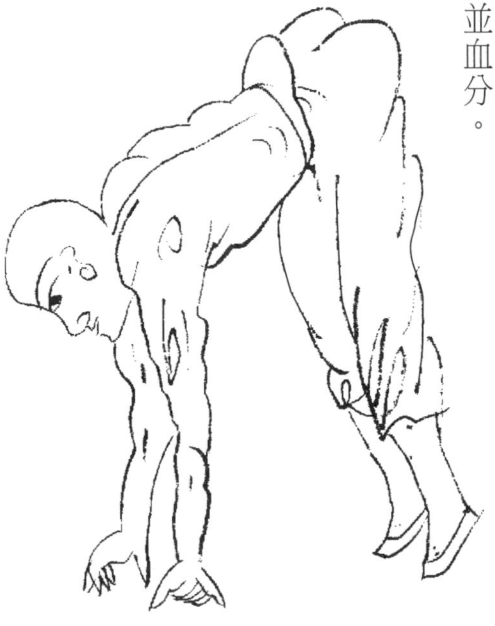

三回虎奔勢

滿腹壓住一口氣，
手腿蹬盡全身力。
前撲後縱連三蚣，
胸脯懸懸手按地。
狼行虎步悠悠轉，
圓轉尾閭肛門閉。
呼吸定息手當胸，
兩腳合合並站立。
提起蹬力挺腰脊，
千斤壓頂有何懼。

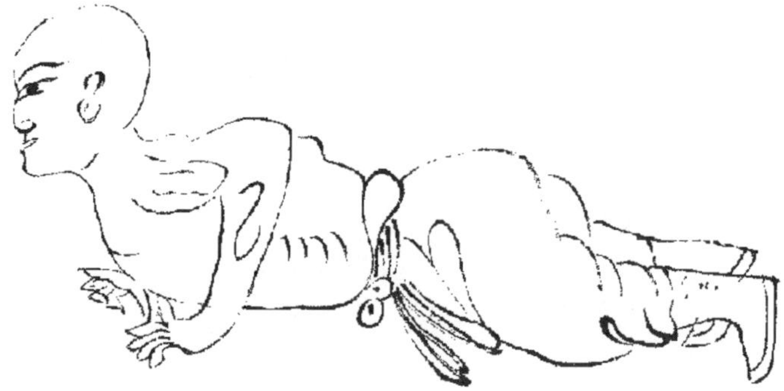

虎奔完勢

提起一口氣，
抖抖兩膀力。
用手雙抱月，
蹬膝腳踏地。
丹田使氣滿，
擎天賽玉柱。
收功閉雙手，
攢拳貼兩閉。
氣血能調養，
圓轉筋骨處。

陳摶大困勢

老僧訪學陳摶（點校：原稿為坛）眠，
起腿蹬力膝懸懸。
滿腹提盡丹田氣，
屈肱而枕休厭煩。
仆（點校：原稿為「捕」字）腿下腰立後脊，
日月生光在目前。
玉兔東升（點校：原稿為「生」字）還未醒，
金烏西墜卻入禪。
生平受盡二子累，善於偷花非等閒。
若能志堅功成滿，陰陽兩分莫貪戀。

二回大困勢

僧入禪堂不怠慢，成功一畢卻才眠。
尋常不敢伸足睡，一床錦被半床間。
唯有小僧不守分，
每夜發狂欠安然。
一場好夢不得作，
須要忙裡且偷閒。
人生天地無樂趣，
重整鴛鴦再合歡。
雙手抱住心猿意，
一長腿伸一腿綣。

三回大困勢

老僧作禪不記年，
龍虎交會莫膽寒。
雙手托定日合月，
陰陽合合雞抱卵。
賁門分開陰陽路，
瓜熟蒂落左右旋。
天氣下降地氣轉，
兩手推送頂樑懸。
二十四肢節節分，
如登貼壁到沉灣。

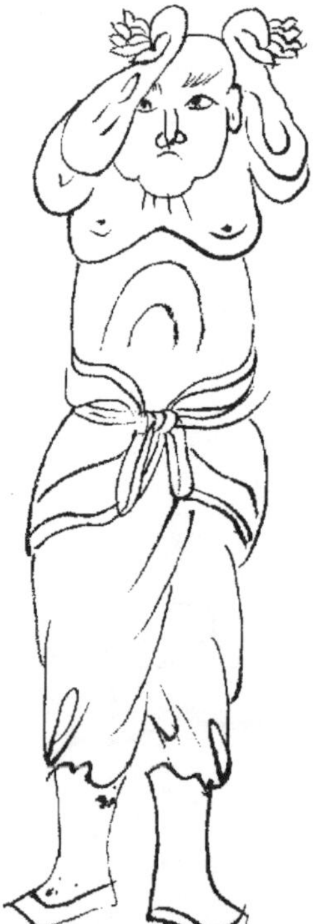

大困完勢

彭祖壽活八百年，
豈是俗人大非凡。
總是陳摶（點校：原稿為坛）作一夢，
復陰還陽卻回還。
攔攔身體伸伸足，
渺渺冥冥在眼前。
抖抖精神調氣息，
功夫重整時不閑。
若人習成懶漢睡，
坐臥行立不記年。

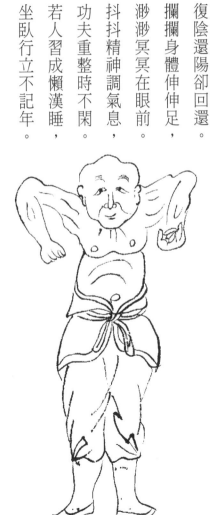

父子三請禮勢

提氣扭腰崩槌掌，
翻身左右十字闖。
終須自然功有成，
何必努力使勉強。
挺挺腳心蹬滿力，
轉轉腰腎細回想。
陰陽兩分有何慮，
總是調氣要修養。

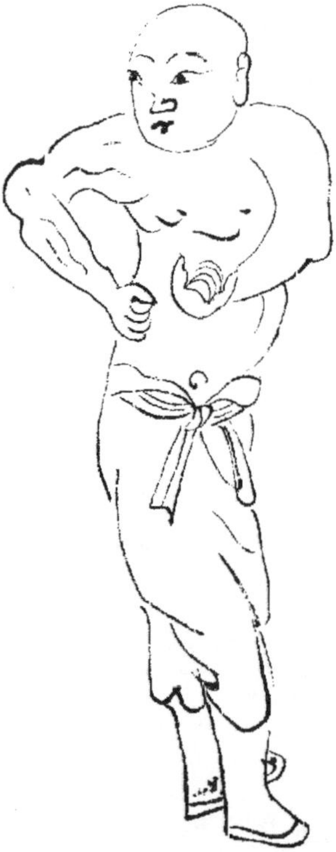

二回請禮勢

拔盡氣力蹬千斤，
吸起氣分虛其心。
陰陽交合遍身走，
氣行百節須要親。
一處不到一處迷，
唯恐氣息調不真。
功成便得十二竅，
一竅不明暗沉吟。
智慧全在一時刻，
不滿功成不毀心。

三回請禮勢

轉身回頭腳並立，扣住雙手提滿氣。
扭腰崩槌忙掙腿，提步蹬盡全身力。
左右還轉高拱手，下氣一定肛門閉。
氣血合合筋骨強，十二時刻應節氣。
地氣上升天氣降，陰陽交合轉太極。

請禮完勢

回身拔力伸骨筋，
拽弓搬弦須兩分。
掙開兩腿氣要滿，
氣行未至血不均。
遍身三百六十節，
功成無力氣不真。
分開陰陽調氣息，
未恐子午處不親。
酒色財氣不能戒，
枉費徒勞一片心。

鯉魚打挺勢

手腳抓地翻身挺，蹬盡氣力血氣猛。
凹腰（點校：原稿為「要」）腆肚合筋骨，
功成未滿力不勇。
身堅體壯非容易，
調調氣息再重整。
十八門路用不盡，
各有奧妙竅未醒。
經師不及訪（點校：原稿為「放」）友妙，
虛心長存成一總。

二回打挺勢

抓牆貼壁似彎弓，
仰面朝天氣挺胸。
腳踏平地蹬滿力，
挽轉尾閭腰懸空。
要訣總是養氣血，
筋強骨實大非輕。
莫嫌此功無長處，
能戒酒色速成功。

張遼獻袍勢

提肩推掌起單膝，
挺挺湧泉轉尾閭。
丹田閉住一口氣，
湧開兩腎串後脊。
氣行血足功程滿，
四時用功莫心急。
呼吸定息養神氣，
屈膝下腰緊伏底。

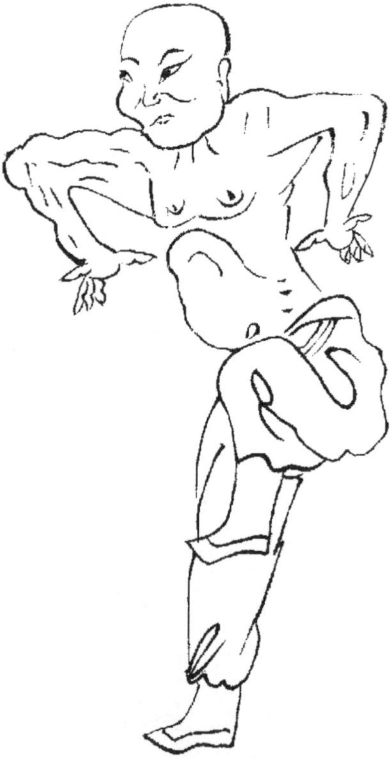

二回獻袍勢

疊膝蹬力腿鋪地，
推送雙手提滿氣。
拔起兩臂忙下腰，
緊咬牙關肛門閉。
伸開百節生氣血，
合合筋骨全身力。
工夫常存按時行，
力舉千斤有何慮。

三回獻袍勢

搬拳度盡兩膀力，
跨（點校：原稿為骻）襠提滿丹田氣。
緊咬牙關雙推手，
折折腰臂腿鋪地。
下腰伸腿疊單膝，
一來一往似抽鋸（點校：原稿為「鉅」）。
合合筋骨神氣壯，
氣行血走肛門閉。

獻袍完勢

提肩勒綱蹬千斤，
手起手落緊遂身。
掙開兩腿提滿氣，
湧開氣分並血分。
功行百日陰陽轉，
氣行百節血養筋。
春秋四季應節氣，
氣行節應節節親。

金鉤掛玉瓶勢

半夜用功身勞苦，
期定陰陽分子午。
調滿氣息腿交脛，
雙手避日伸筋骨。
舒筋合血善修養，
一翻一折兩手撲。
心猿意馬鎖不住，
氣虛力怯血未足。
按定方寸養神氣，
立見效驗成功速。

二回掛玉瓶勢

婉轉尾閭漫折腰，
雙手併合奔腳梢。
滿腹壓存一口氣，
運動水火陰陽交。
拔力伸筋行氣血，
僧入禪堂夜難熬。
晝夜行功按時刻，
不滿功程豈肯消。

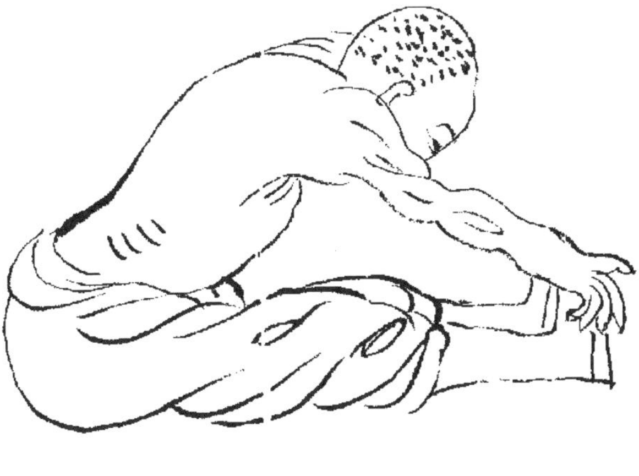

掛玉瓶勢完

力舉擎天掌，
氣滿身自壯。
蹬盡兩腿力，
百節筋骨響。
血走陰陽合，
氣行精神爽。
功成三冬暖，
力怯莫勉強。
時時得勤苦，
總是要修養。

內觀圖

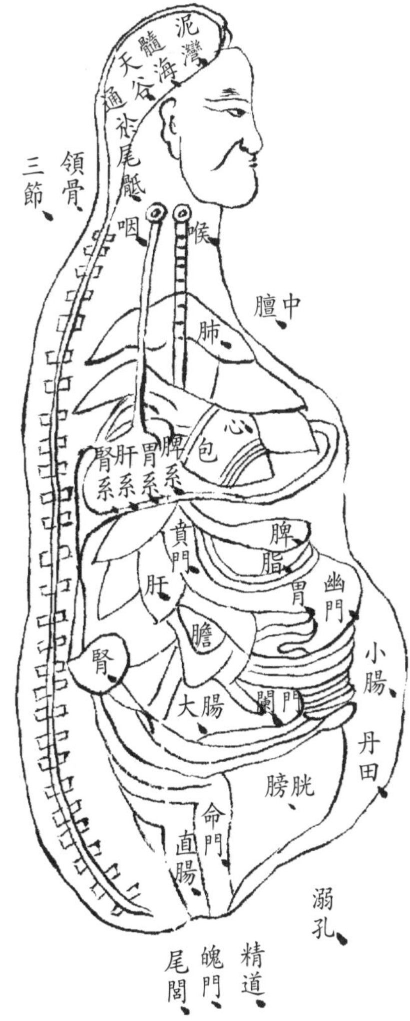

用功行氣內裏要訣全圖

功成總是善調氣，春夏秋冬安四季。
水火既濟周天轉，生剋制化應節氣。
身堅體壯妙不盡，心快意樂得機密。
奧妙無窮乾坤交，不怕山川雲遊處。
幸得偶遇蓬萊客，坐觀海湧太陽戲。
西望瑤池參王母，亞賽蟠桃群仙聚。

東方屬木木旺春，木屬肝經肝主筋；
南方屬火火旺夏，火屬心經心主血；
中央屬土土旺脾，四季和平脾主肉；
西方屬金金旺秋，金屬肺經肺主氣；
北方屬水水旺冬，水屬腎經腎主骨。

重訂增補羅漢行功短打通解

行功要訣

子午卯酉晝夜還，燒酒房事不可貪。
輕擊重打看先後，日就月將無間斷。
昔人依此成羅漢，我輩學來做奇男。
千錘萬煉猶嫌少，何懼工夫一百天。

行工一道，或摘用，或全用，俱要清心寡慾，朝乾夕惕。行功之時，固宜存神固氣，由心經而達於四肢，自然流通，略無矯強。即不行之時，作止語默，亦須全真養元，使無散亂。斯為精於行功云。

韋陀獻杵（點校：原稿為「杆」）勢

提氣立脊壯筋骨，
開合收閉灣風舞。
撐腿合手蹬滿力，
挺胸腆脇似擂鼓。
欲得存孝搏虎力，
四時行功要勤苦。

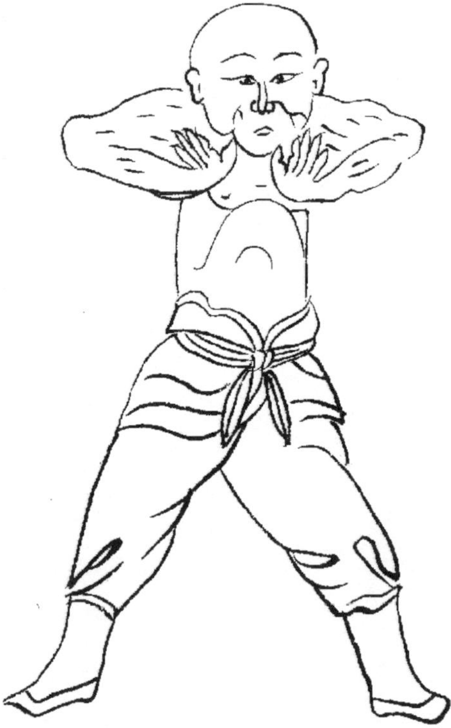

二回獻杵（點校：原稿為「杆」）勢

鳳凰展翅積兩肩，
兩背架住太行山。
丹田氣滿挺胸脇，
雙腳踏定緊閉關。
何愁棍棒遍身打，
按定神氣放心寬。
一旦豁然功成時，
可以延壽作地仙。

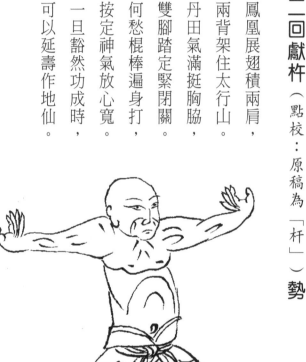

三回獻杵（點校：原稿為「杆」）勢

兩腳踏平地，
肘膝齊使力。
合手舉當頂，
百節積滿氣。
任君遍身排，
千斤有何懼。
最忌分時刻，
截斷陰陽氣。
若遇截脈客，
挺身湧太極。

獻杵（點校：原稿為「杆」）完勢

跨（點校：原稿為騎）馬挺脊兩分襠，
雙手勒定意不慌。
肘膝使盡滿腹氣，
頭似鐵硬更加剛。
舉手最怕二換氣，
面前生花卻難當，
戒住房事有何妨。

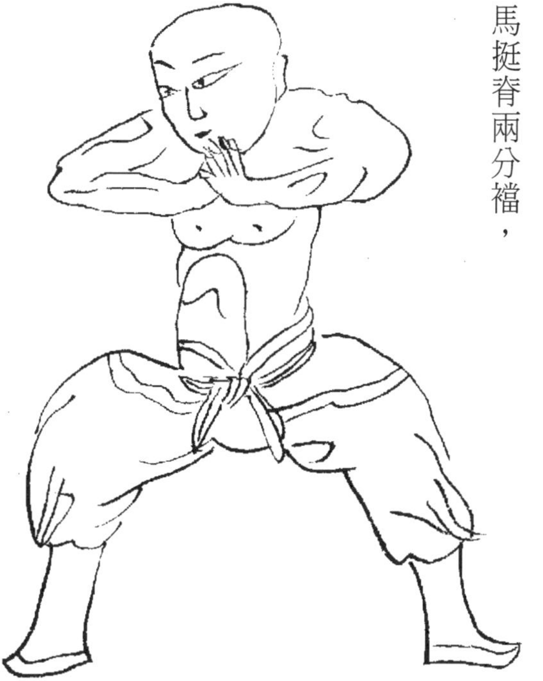

繪像羅漢短打變式

升霄道人重集

一步七勢連，纏封拽短拳。
騎馬藤牌勢，起手取迎面。
前手跟後手，磕手用統拳。
順步推雙掌，搖步起護眼。
入步連環肘，
撲絆（點校：原稿為蚌）掛耳拳。
滾漏逼雙手，拘步加雙拳。
小靠纏勾腿，
鈍肘絆（點校：原稿為蚌）翻拳。

挑手須用雙趕月，逼脇即要磕手拳。
雙掌還用雙手扣，後帶（原稿為「代」）一步鐵門拴。
護眼急用粘拿手，疊肘盤肘用磕肘。
雙拳加貼門，
收閉纏腰拳。
蹬撲即扳肩，
鈍肘急忙採。
反拳回身轉，
入步偷海底，
蹤跳即兩閃。
此勢反正之手法，精微奧妙，
學者萬勿（原稿為「無」）粗心。

二步扣雙手，圈槌兼鈍肘。
搬肩單起膝，頭槌用採手。
拔步靠身撞，勾摟進疊肘。
面掌去掛耳，纏攔砍瑣口。
提肩甜兩閉，迎面起雙手。
順步進撩陰，見剛即偷手。
雙指取眼窩，螳螂打瑣口。

纏封推雙掌，拔步貼壁迎面闖。
鈍肘須磕肘，逼襠招上下。
屈膝下底堂，纏攔打瑣口。
左右用磕手，
順步入雙錘。
底漏彩手蠍肋肘，
回身即忙走。
翻身入踏腳，
挑手取心窩。
纏勾打對膝，
四門緊封閉。
此勢卻能四方八面，又有寸逼丈之妙著也。

一見太山壓頂，雙手抱頭直統。
再見人中瑣口，回馬纏腰即走。
又見眼窩耳門，挑手入手對心。
復見太極兩閉，合手起手撲地。
再見脇內肺腑，
開播勾掛硬撲。
又見高骨撩陰，
截手扣手蹲身。
見手取對膝，
回馬倒提杵。
安日點人神，
照譜窮究理。

三步窩裏剋

兩腳並立窩裏剋，出手入手點穴道。
春秋四季按時刻，勾手摟手雙手搖。
陰陽全在子午定，兩腎晝夜有二潮。
陰居尾閭二十四，陽在胸摟十二毫。

對人神在後。

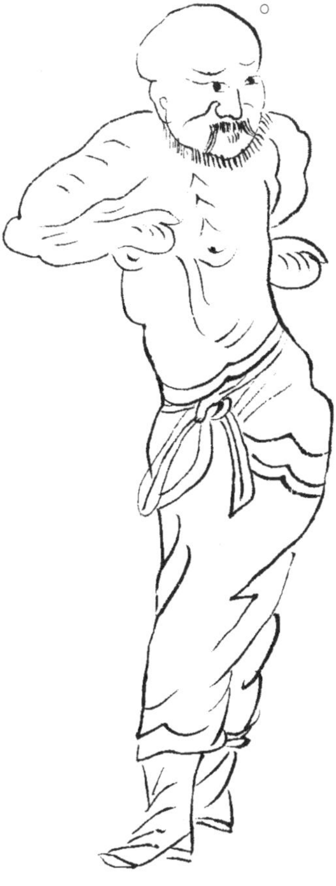

四步雙棍捋

燕子啄水雙棍捋，
眉頭下掌撩陰腳。
硬崩實砸入盤肘，
底漏尖入加崩閣。
進步纏封雙趕月，
中心見手即捽捋。
回馬一步倒提杵，
抱頭窩肚裏外磕。

崩開雙棍取腦眼，
砸下撩陰心窩點。
即磕盤肘穿腮錘，
閉住貼門回身轉。
崩閣最恐藏花掌，
撲按收閉起護眼。
倒提最恐連還肘，
遇見捽捋中門返。
窩肚須用崩砸錘，
採手纏封雙趕月，
提步蹲身黃龍轉。

五步鐵門閂

投漏提步鐵門閂，
四封四閉迎面攛。
回身只取虎脛骨，
遮前擋後野馬驩。
猛虎急食撲雙爪，
海底偷桃加拳翻。
鷂子翻身閃一步，
底漏順手把羊牽。

貫耳代封用採手，
底漏尖叉迎面走。
若見底堂取虎脛，
勾掛翻身疊盤肘。
採肘只得用崩錘，
扣住雙手回馬走。
順手牽羊蹬撲跌，
翻身倒拔垂楊柳。
原拳還原拳，
入步雙扣手。

六步黃龍擺

黃龍翻身忙擺尾，
提步蹲身莫心悔。
滾漏疊肘起雙手，
螳螂撲蟬雙手擂。
逼手入拳迎面闖，
起膝頭槌纏勾腿。
投手砍掌即蹤跳，
恰似大海龍耍水。
總是原拳還原拳，
順步起膝點賁尾。

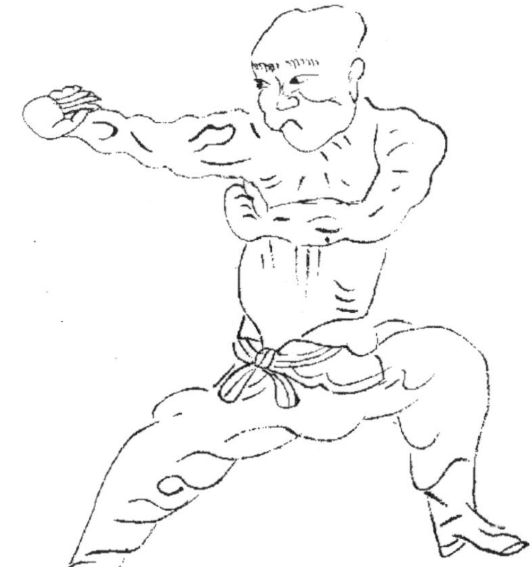

崩砸原是螳螂出，
入手回手加貼壁。
閃步只用雙手扣，
貼門翻身打對膝。
頭錘須用還底勢，
逼襠撩陰轉身起。
坐肘攬馬點合手，
連步取出手回手。
連三逼硬崩，
伏底霸王舉。
提步轉身閃一步，
四方八面莫心急。

七步螳螂打，破掌劈上下。
提步積雙掌，頭槌翻回馬。
邊勾單起膝，野雀蹬海下。
入步填腚槌，坐肘取纜馬。
朝天一炷香，左右用插花。
臥肚扣雙槌，翻身螳螂打。
回步十八連，野馬踪單拳。
取上卻打下，擋後即招前。
指東要打西，指北面朝南。
四方八面敵，心會難言傳。

入步開播忙撲按，
裡磕外磕通筋片。
合手扣手肘磕肘，
採手粘手入拿手。
挑手截手回馬走，
底漏採手蹬肺腑。
摟開單手入鈍肘，
撲下左手入盤肘。
入步起手左右磕，
纏腰連步回身走。
貫耳反覆連三掌，
蹲身前後窩肚肘。

七勢之總變

縱步起手貫耳掌，
代封採手迎面闖。
貼門實是堪誇，
蠍肋左右插花。
他若下腰取對膝，
提步蹲身倒提杵。
穿腮通拳翻身起，
代封，即逼手之別名，
採手其中變化無窮。
直統非底漏難當，
底漏是取中門之妙法。

跳手通背，
直取底漏尖叉。
雙手舉，
出手蠍脇連三避，
硬崩實砸白虎洗。
上下四門緊閉，
偷手中門力劈。
崩砸與崩閣相同，
直劈須要行到底堂。
底堂翻取當頂，
此手法乃打上而稍下，
打下而取上之要訣也。

入步出手單趕月，
靠身逼手入統拳。
須用前手跟後手，
還步出手起護眼。
入步連還肘，
掛耳加纏攔，
偷手起手打瑣口，
搬肩起膝連步肘。
底漏採手脇脇拳，
閃賺騰挪反身走。

燕子雙飛伏井底，
困龍出蟄翻身起。
鯉魚翻身大劈岔，
順子投井盤腰胯。
陳摶（點校：原稿為坛）大困十八捆，
鷹拿燕雀連九滾。
野馬上槽險對險，
大鵬挺翅回身轉，
青龍擺尾反身閃。

迎面出手跟後手，
閉手入拳連步肘。
跨住腳後點對膝，
出身一步海底偷。
起膝閉胱踢撩陰，
招下打上回身走。
夜叉探海忙翻身，
一步插襠回身走。
轉身必用虎抱頭，
磕肘破肘起後手。

貫耳挑手來回掌，
撲按反正迎門闖。
插襠破腿膝破膝，
提步轉身只兩慌。
翻身換勢纏封打，
一進一退有來往。
滾漏回身閃一步，
截手撲按豈不爽。
抽樑換柱下底勢，
十字插花撲地戕。
踢肩一著鋼（原稿為「搁」）刀跌，
反身只用小螳螂。

野馬上槽直立踪，賺開中門鼻梁坦（點校：原稿為「坥」，音ㄑㄩ，蚯蚓的糞便，於文義不合）。

從上到底一根線，雙手抱頭放心寬。

左打返右似擂鼓，挑手伏地砸（點校：原稿為拶）腳彎（點校：原稿為「灣」）。

直出撐（點校：原稿作「撐」）搓抓跟底，

朝天一炷黃龍翻。

滾漏直統裡外磕，

扣住雙手緊閉關。

柔中生剛雙手帶，
反身螳螂是一脈。
就地使個鷹跐腳，
靠身提肩用大埋。
出手內藏扒蹅腿，
回手入手恨不決。
出手順步反背掌，
白虎洗臉莫非怪。
大能欺小小制大，
刀著千金賽一賽。

騎馬崩錘忙扭腰，反身扣手取眉梢。
拿封三閉回身閃，崩起肘骨肘對腰。
蹲身撲地取腳骨，提肩腆脇倒搬捎。
合手封閉四個跌，滾盤又加野馬蹤。
回身全要陰陽掌，抱頭左肘取心尖。
螳螂交手左右劈，挑肘盤肘急搬肩。
頭錘起膝取窟邊，野馬翻身面朝天。
鷹拿燕雀連九滾，燕子展翅左右翻。
粘衣卻看十八跌，唯有後學志不專。

抓住天根打兩閉，
行手全伏一口氣。
鯉魚穿腮取腦眼，
蹲身回手點太極。
起步倒提分時刻，
蹲身屈膝香一炷。
搬樁卻用纏纜手，
裡纏外纏定難敵。
換手須用反車打，
後跟螳螂還嫌遲。

縱步入手雙趕月，
崩挑採手取兩脇。
順步纏封入並手，
左右盤肘霸王拽。
回手直劈螳螂打，
後帶反車誰敢滅。
順手直用瑣口掌，
恰似分筋同截脈。
左右提封裡外靠，
指點人中即忙徹。

硬崩實砸大剪梢，
四封四閉忙扭腰。
分開中門心窩點，
閉手連三實難招。
出身回步雙手扣，
風擺楊柳樹葉飄。
手腳純熟似閃電，
直統破掌賽槍刀。
強中自有強中手，
功成藝就莫心高。

纏攬滾漏取胸骨，螳螂破劈左右撲。
撐跐全用纏勾腿，回馬纏腰迎面撲。
前手即忙跟後手，取上打下鸞反舞。
崩開左右疊雙肘，眼窩出指行單手。
四封四閉回身轉，順步蹲身海底偷。
底漏裡門轉外門，葉底藏花逼反手。
提步合手扣雙手，迎面拽弓左右肘。
搬肘磕肘回身走，翻身又加螳螂打。
破劈封逼反正手，提步蹲身撩陰腳。
底堂貼門燕子啄，閃開兩門即踤跳，
一步六回最為要。

雙手抱頭下底勢，打下取上全身力。
左右翻身蠍脇肘，起膝點肛氣兩分。
全是陰陽兩不接，二取太陽卻有趣。
反身扭腰蹽一步，左右回身取太陽。
提步捉捋雙手擂，蹲身提步纏勾腿。
翻身又加倒提杵，抓住撩陰千斤舉。
提肩靠身撞一頭，
截前襠後忙即取。
要訣全要行八面，
寸逼長短莫心急。
回手連步雙手扣，
全是抱頭反身起。

軟如花胎硬似鐵，
習成九滾十八跌。
鐵小一根通背骨，
天地生物實不測。
三十六回反車轆，
螳螂手法無處說。
跌打擒拿入手化，
遍身三百六十節。
三回九轉難遮當，
七長八短無休歇。

若見底堂莫心急，
左右掛面陽倿膝。
一步踪跳雙手扣，
四封四閉分左右。
回身入步壓當頂，
逼手入拳迎面統。
底漏挑手取兩閉，
直取撩陰兩分氣。
抱頭磕肘鐵門閂，
點破人中實堪觀。

順步插襠搬肩跌，扽肘蹬撲硬似鐵。
反身倒拔垂楊柳，轆轆翻車十八說。
跌打擒拿要睃切，底漏尖叉雙扣手。
立掉千金取骨節，鬧裏奪粹無難處。
要訣總是養氣血，順步靠身單展翅。
順子投井獅子蹶，
海底取寶忙剔肩。
順步插襠兩臂拍，
就地左右十字盤，
開合收閉無休歇。
虛心求教訪名友，
何愁不成截脈客。

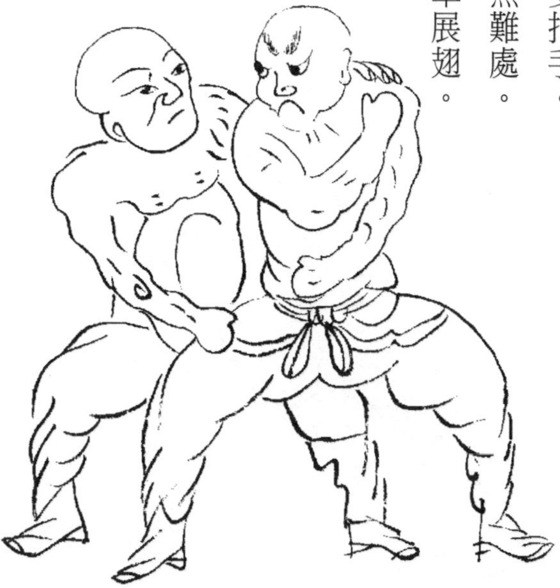

太山壓頂似崩砸，
扽肘合手取上下。
回手一步倒提杵，
直取高骨忙招架。
天根月窟陰陽轉，
提膝點肛莫心怕。
左右插花下底勢，
即怕尾閭踢一下。
二十四節水火周，
鯉魚反身大劈岔。

出身直統連步走，
總是前手跟後手。
反身變勢螳螂打，
劈開兩門換逼手。
提步切加里外磕，
迎風過腦連環肘。
回馬掖行纏腰步，
硬崩實砸（點校：原稿為扡）取鎖口。
左右盤旋倒提卵，
上下攛挑攔馬肘。
蹲身屈膝忙蹤跳，
總是反車兩分手。

出手纏攬對後心，
四封四閉打雙捉。
順步纏封推雙掌，
撩陰起腳忙出身。
轉身一步壓當頂，
各有路途怕不睃。
帶封十字攔馬打，
起膝踢肛氣兩分。
纏繞倒提轉身走，
總是反車莫呻吟。
遍身手法隨心入，
何愁氣粗力千斤。

順步入肘點脇窩，
奧妙無窮內藏多。
扽肘盤肘左右棍，
扣住雙手疾如梭。
拔步全是纏勾腿，
裡磕外磕海湧波。
轉身直出纏封掌，
恰似肘遲下鸞坡。
子建鏄頭打風封，
四方八面似滾鍋。

雙手過腦點攬馬，
順步反車螳螂打。
反身撲地鴛鴦腳，
舉手無情休當耍。
護耳即破鴛鴦腳，
捉住撩陰似刀剞。
兩耳扇風方能破，
變化無窮實不假。
柔能生剛剛生柔，
卻有八打八不打。

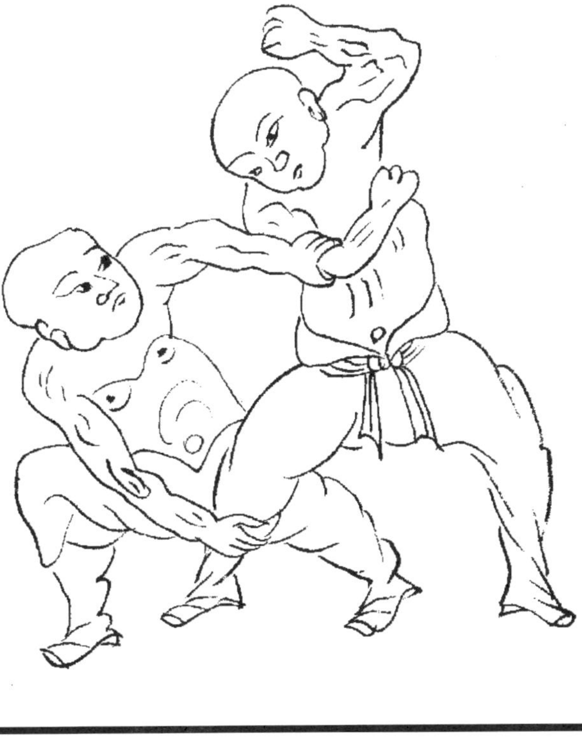

按手破骨倒搬梢，
挾脇直統打纏腰。
回手纏纜破骨打，
海底撈月月兒高。
拿住腳彎破骨跌，
順子投井兩腿交。
底堂滾連賽車輪，
實是通家也難招。
滾連亦同反車轤，
螳螂撲蟬似輪刀。

順步偷手加蹬撲，
挑開耳後打肺腑。
兩手撲地就一著，
尾閭過關賽猛虎。
反身力劈尾閭穴，
野雀蹬枝取高骨。
提步起膝緊閉襠，
鶴不久停鸞鳳舞。
砍掌入步貼壁靠，
順步頭拿鳴天鼓。

靠身踪跳實難敵，疾如踪梭還嫌遲。
挑開腦後應鎖口，美女照鏡更出奇。
力劈中門纏腰打，伏地蹲身豬拱（點校：原稿為「蚣」）地。
內藏手法說不盡，
底堂共有八不齊。
如點人神按日數，
遍身行手疾上疾。

縱步直統取胃脘，
截手挑起雙趕月。
鴛鴦交（點校：原稿為「文」）頸纏勾腿，
底漏崩閣洗虎臉。
並起雙槌打底勢，
勾掛掖行疾兩閃。
鷂子反身大鏄頭，
劉公挑蹬踢虎眼。
欲要點血分節氣，
縱會分筋心不滿。

抓住手腕肘點肘，
崩開穿腮跟後手。
底漏尖叉疾擒拿，
要訣全是雙扣手。
當胸直挺一骨力，
出手回手跌雙肘。
盤肘崩槌取腦眼，
挈脇扽肘用採手。
橫豎急用四封閉，
取上打下回身走。

力劈花山硬似鐵，
兩手抓住蹬撲跌。
搓捋掙開入接捶，
反車轤轤實不怯。
回手又加小螳螂，
一反一復無休歇。
一步反身斜四平，
連拳七勢莫可測。
青龍擺尾賺一手，
一步鐵門兩不接。
箭打風梢用背斂，
插襠拔根靠身跌。

崩砸反車變通拳，
出手搓肘用纏纜。
勾掛提肘破岔打，
雙捶過腦扣連環。
一手抓住束腰帶，
後有螳螂去撲蟬。
膊後直用一口取。
反身回手倒取卵。
下腰屈膝大撐（點校：原稿為「摚」）搓，
疾忙蹬跳不非凡。

抓住天根闖腰眼，
海底撈月鯉魚翻。
兩手撲地嘴嗒土，
拔步起膝肛門點。
這個轉身那個滾，
野馬上槽取虎臉。
蹲身抱頭窩肚打，
回手取卵險上險。
提步須用雙捆捋，
反車上下急須轉。
三十六回反車轤，
變化無窮任意選。

原是崩砸小纏封，
隨手入手實不空。
若能纏繞梅花步，
亦可與人定輸贏。
七十二穴遍身點，
側定春夏共秋冬。
出身轉身八面錘，
鐵門緊閉加纏封。
鐵打擒拿入化手，
變化無窮人人驚。
總是六六三十六，
欲得真傳兩相應。

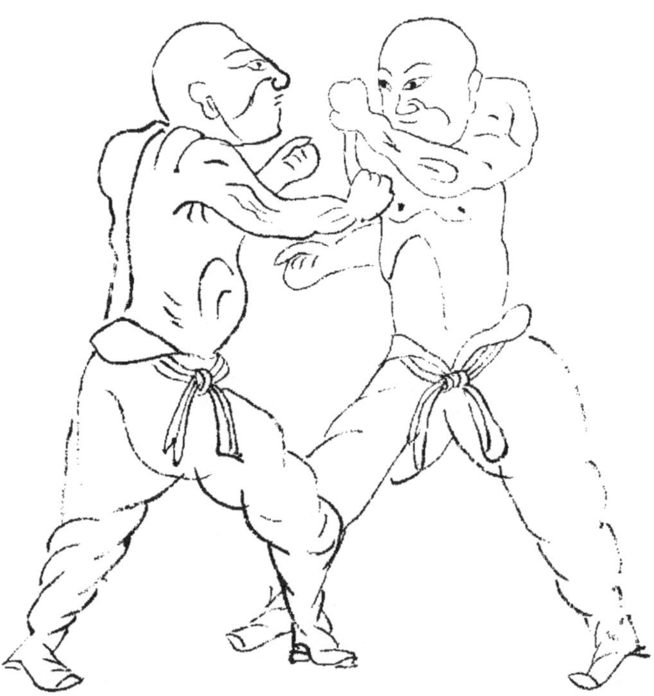

倚強欺弱情不順，拿住手腕破骨擒。
還有跌打續在後，能破此勢人上人。
一手抓住天邊月，扳倒（點校：原稿為「到」）太山不賺陳。
纏繞一步回身轉，
搖動兩柄賽車輪。
內有八打八不打，
柔能剋剛功要純。
本是少林傳世譜，
和尚偷驢我收存。

隔山拔樹臂排膝，抽樑扳柱反身起。
長短不齊忙動手，上三下四打到底。
總是螳螂反車打，
疾如蹤梭急上急。
入步破掌貼壁靠，
十字扳肩起頭膝。
雙手抱頭下底勢，
左右捽捋即忙出。
四封四閉人字步，
採手跌肘撩陰踢。
唯恐後學志不堅，
有始無終總不濟。

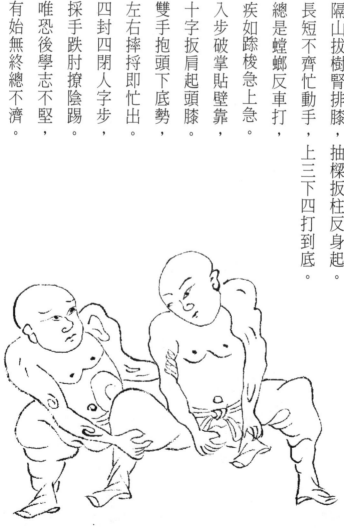

抓住擒拿我當先，
撮開手腕迎面踪。
細拿不得重手打，
挑手入肘不一般。
跌肘崩錘迎面掌，
跳起直取鐵門關。
逼脇入拳連三手，
採手反背實不安。
迎面接手雙扣手，
蹲身頭捶放心寬。
下腰屈膝打底勢，
纏纘一步野馬踪。

逼手取頰下，擒拿破骨打。
點膝兩手開，靠身取攔馬。
剔步撩陰腳，左右用插花。
反身雙掍捋，底漏實不差。
回手壓當頂，過腦卻打下。
螳螂反車捶，休當是玩耍。
倒提梅花步，直統加崩砸。
回手雙扣手，鐵門更不差。
伯王硬上弓，迎面使趴踏。
死手拿活手，接手用擒拿。

下腰拾腿似蜈蚣，
上下抓定只一統。
須要插脫反身滾，
恰似燕雀去投井。
由你使盡千斤力，
跌打擒拿是一總。
反身卻有十字盤，
如同猛虎下山嶺。
卻有粘衣十八跌，
唯恐習學學不整。
反身只是青龍擺，
抱頭底堂連步統。

搖開雙捶似車輪，
入步雙手十字擒。
拍腿勾腿鴛鴦腳，
陜脇直統恨不沉。
反身出手螳螂打，
獅子張口大閃門。
轉身伏底逼兩脇，
十字崩捶實罕人。
四封四閉橫豎使，
遮前當後左右巡。
纏繞一步忙踪跳，
反身力劈闖四門。

眉頭先下掌，截手即雙拳。
回身雙棍捋，左右十字盤。
流星雙趕月，回馬倒提卵。
取上須打下，獅子摘玉環。
抱頭取月窟，插花不怠慢。
出身忙踪跳，前拳跟後拳。
轉身打底堂，摔捋取兩面。
指東卻打西，打北面朝南。
遍身十二捶，四方打八面。
總是反車轤，螳螂更周全。
要學截脈客，須得少林傳。

靠身原是通背掌，
挑手直取顏下闖。
回手截梢打心窩，
十字攔馬加螳螂。
掖行出身閃一步，
順步纏腰恨不爽。
搓肘擎天打兩閉，
扽肘崩砸（點校：原稿為搕）是勉強。
偷手回手連步捶，
裡外纏繞攬只兩慌。

十字採手莫心雜，
抓住筋骨豈輕撒。
掙開搓捋妙不盡，
抓腰採衣加崩砸（點校：原稿為拞）。
入手採住千斤骨，
金絲纏繞疾擒拿。
膍窩須用一雙手，
非拗分筋拿不下。
最忌撐搓復一著，
傷筋動骨亂如麻。

纏封一步破骨打，
兩腿掙開似跨馬。
跨住腳後膝點膝，
抽樑還柱實不假。
出身順步穿腮捶，
雙羊抱頭左右捶。
打下起上及車轤，
底漏閃賺螳螂打。
肘膝頭捶隨手入，
看定八打八不打。

鄭禹、馬成、吳漢、王梁（點校：原稿為「良」）、賈復、陳俊、耿弇、杜梁（點校：原稿為「貌」）、寇恂、傅俊、岑彭、堅譚、馮異、王霸、朱祐、任光、祭遵、李忠、景丹、萬修、蓋延、邳彤、姚期、劉植、耿純、臧宮、馬武、劉隆（點校：原稿為「諦」）、李通、竇融、王常、卓茂，

合三十二人，悉圖於上。獨馬援以淑房之親，不畫其像。一日，東平王倉與帝遊於雲台，遍觀眾臣之像，獨不見馬援。乃問帝曰：「伏波將軍馬援，功勞甚大，何故不畫圖之？」

帝笑而不言，東平王亦不再問。

二（點校：原稿為「一」）十八將雲台起，傳留槍刀並劍戟。鞭刺抓錘各有奇，萬般皆回總一理。

雲台二（點校：原稿為「一」）十八將，兵刃各有其能，傳世於後。

槍刀、劍戟、鞭鐧、抓錘、勾槍、槊鎲、雙刀、干戈、叔鑱、斧梆、丈矛。

諸家手法甚有益，總是少林重刪集。

唯恐後學學不盡，人鬼之關悔後遲。

進退虛實、閃轉騰挪、長短起落、剛柔硬軟、開合閉收，各有所長，甚勿疏忽。捉捋崩砸、勾掛應拗、滾漏招架、挑截封閉，架有架法，掛刀有掛刀法，應有應法，漏有漏法。崩砸，挑上為崩，返下為砸；勾掛，出手為勾，回手為掛；滾漏，滾者隨手而滾，漏者出手而漏；回手挑截，仰手揚肘骨為挑，截手腕為截；封閉迎對，合手為封，回手為閉；架法，招之即打，招之即招，連招代打，連打代招。掛刀法，如底漏尖叉相同；迎法，仰手踢肘，漏手取腕，提手取頂，偷手闖足，回手取卵。

少林集

槍法學得全，搓捋用崩啅。
纏封截進紮穿袖，
回馬一步倒取卵。
鳳凰點頭連三棍，
回馬倒提下底盤。
上掍底閣纏封走，梅花提路對三尖。
提槍挑手纏纜走，群槍連封當半邊。
回馬借槍紮護口，死中求活把門門。

此（點校：原稿爲「比」）槍法，出之纏封劈。

青銅偃月雙手舉，入步勾掛斷腰脊。
左右挑腸纏繞步，分開中門加力劈。
鷂子反身大鑊頭，回馬轉身砍對膝。
黃龍擺尾大遮蓋，力劈四門翻身起。
玉女躥梭心窩刺，左右剗搓翻身出。
四封四閉忙招架，招前當後同一理。

刀法出之翻車劈。

進退虛實、蹤跳出入、閃轉騰挪、長短起落、剛柔軟硬、開合收閉，各有所長，甚勿疏忽。掍捋崩砸、勾掛應掛刀、滾漏招架、挑截對閉，架有架法，掛刀有掛刀法，應有應法，漏有漏法。

此乃鞭論之總手法也。

掍捋從上打到底下，左捽右捋，上三下四，其名雙掍；崩砸，挑上為崩，反下為砸；勾掛，出手為勾，回手為掛；滾漏，滾者隨手而滾，漏者出手回手；挑截，仰手揚肘骨為挑，截手腕為截；封閉，迎對合手為封，出手回手為閉；架法，招之即打，打之即招，連招代打，連打代招；掛法，如底漏尖叉相同，雙手加尖是為掛刀；迎法，仰手提肘，漏手取腕，提手取頂，偷手闖足，回手取卵，代手過耳，是為迎法。

此乃鐗刺之總手法也。

一柄銅鎚閉四門，
上三下四八方尋。
三回九轉入手化，
後帶八步緊纏身。

手法不可重絮，亦同在後。

一條蔽眼抓，
出手更不差。
只用兩頭使，
直統便勾抓。
左右遍身轉，
手法實堪誇。
萬般皆一理，
何須論到家。

一法通，萬法通，
總而言之，手法變化無窮。

托定四平一杆槍，
分心直扎實難當。
回馬須勾掛，
轉身莫要慌。
揚路加崩軋，
搓捋下底堂。
千戰萬合勾連騰，
人人喝彩世無雙。
槍法皆一理，手法各能強。

此刀本是九煉刀，
手撾勾掛大搴梢。
回手拔骨脛，
逼槍挑綽砍纏腰。
入步並頭蓮，
來回挑拔似風飄。
連婉蘇秦背，
翻身截槍連五刀。
提槍雙手舉，
力紮四門實難招。

刀法自翻車螳螂劈。

使槊卻有方刃，
出入進退八方巡。
心靈眼乖手腿疾，
一反一復似車輪。
手法與大刀相同，
何用重述。

鏜名何謂鏜，
四方八面當。
一言說不盡，
橫豎迎面闖。
埋勢緊伏底，
搶上眯眼光。
何用千般巧，
真乃是神方。
可謂變化無窮。

燕子別翅遍身轉，
勾掛挑截一條線。
出身轉身鸞鳳舞，
奔肩過腦成一片。
紮劈挑綽連三反，
上三下四賽電閃。
一步揚槍回馬走，
螳螂翻車隨手變。

此手法亦同翻出。

干戈亙古定太平，
本來出自國家行。
敢入叢圍萬馬營，
國泰民安世不動。
干戈與槍刀不同。

干戈原從紂時起，
能破槍刀並劍戟。
前徒倒戈定太平，
迎鋒衝敵無人識。
勾掛扎挑難遮當，
後學不到莫心急。
千變萬化言不盡，
奧妙無窮皆一理。

槍法不是辨，
手法各有傳。
要訣最難得，
變化不必言。
大對小逼學不盡，
小封大逼實是難。
手法要純熟，
好學可言傳。

槍法一總在後，細而察之。

三股剛叉隨身轉，
滾撇搗搓成一片。
也要崩砸也用棍，
踍跳出入隨手變。
燕子雙飛緊伏底，
纏纜偷手搗對膝。

馬叉與鎲相似，變化無窮。

鏟是月牙鏟，
倒手用後鐮。
鴿子翻身黃龍罩，
崩砸戕腮鏟虎臉。
劈開轅門迎面刺，
大鵬挺翅翻身轉。

叉鏟並同，手法各別。

一條狼牙棒（點校：原稿為「梆」），
更比百般強。
不顧長合短，
入手迎面撞。
纏繞遍身轉，
一步縱一丈。
奧妙隨手變，
人人俱慌忙。

棒與棍法雷同，手法不一。

轉開一柄斧，
鐵斧有陰陽。
何處才顯名，
斧劈老君堂。
全虧百靈來相助，
幾乎驚死小唐王。

手法與槊相類，
內有勾掛奇能。

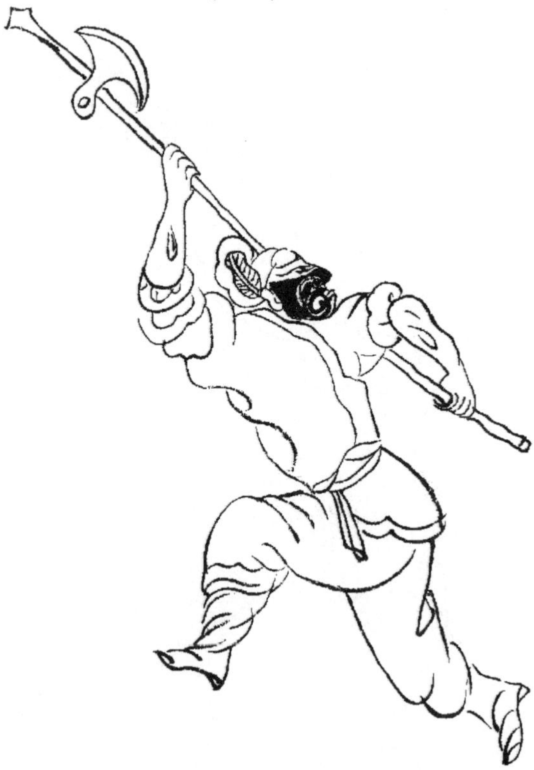

少林集成六合梆，手法更比他人能。
奧妙無窮遂手化，蹲身一步縱一丈。
若遇方上雲遊客，縱是神手須提防。
背棍截棍用不盡，閣棍撐棍世人忙。
六十四棍手法真，後帶八步緊纏身。
招架封閉纏繞步，力劈花山刺中心。
搓封截進鎖口紮，滾漏崩嗤似車輪。
纏纜偷手對膝下，遮前擋後左右巡。
鳳凰點頭連三閉，十子崩砸實罕人。
四封四閉橫豎使，脥肋直統恨不沉。
翻身出手下底勢，獅子張口大閃門。

棍法全是禪師集，
不敢深言人不及

此勢
提路槍法，
蓋世無雙。
提路槍，
崩劆搓捋是難當。
換勢卻使六合棍，
槍變棍勢棍換槍。
槍棍手法一理。

此勢就地撲鵪鶉。
托槍撲腿下底勢，提手滾漏忙封閉，
鳴鳩旛窩左右打，老虎入洞下猛力。
棍槍一總皆同。

此勢懷中抱月、招之打、迎之打、封之打、漏之打、閃之打、勾之打、掛之打、架之打、揭之打、閉之打、提之打、截之打、迎面打、回手打、掍之打、嗔之打

此勢回馬倒提、
捋之打、隨手打、
滾之打、纏纜打、
掃堂打、掉之打、
剿耳打、捋肩打、
纏腰打、偷之打、
出身打、轉身打、
順手打、剿手打、
攔馬打、盤根打、

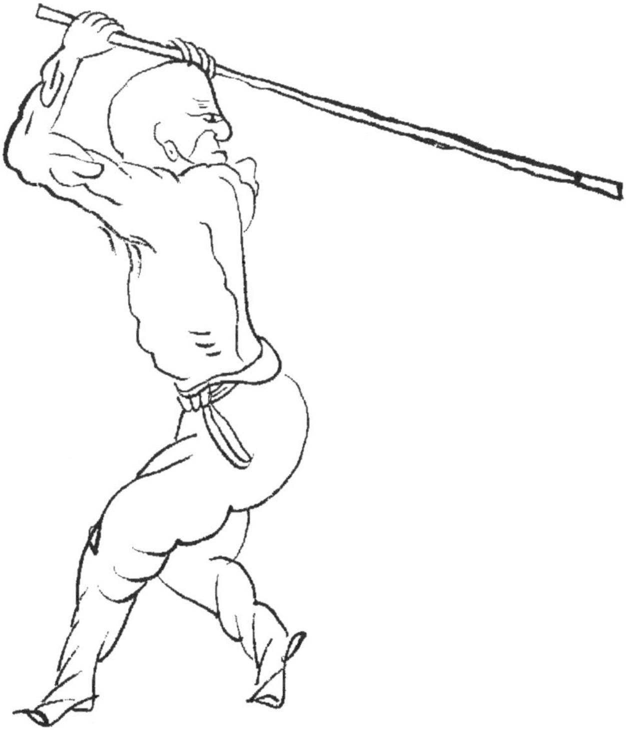

此勢力劈花山、
封之打、漏之扎、
閉之打、截之扎、
滾之打、纏纜扎、
搓之打、提之扎、
挑之打、捋之扎、
崩之打、嗔之扎、
出身打、回身扎、
穿袖扎、逼之扎、
蹤跳打、掍封扎。

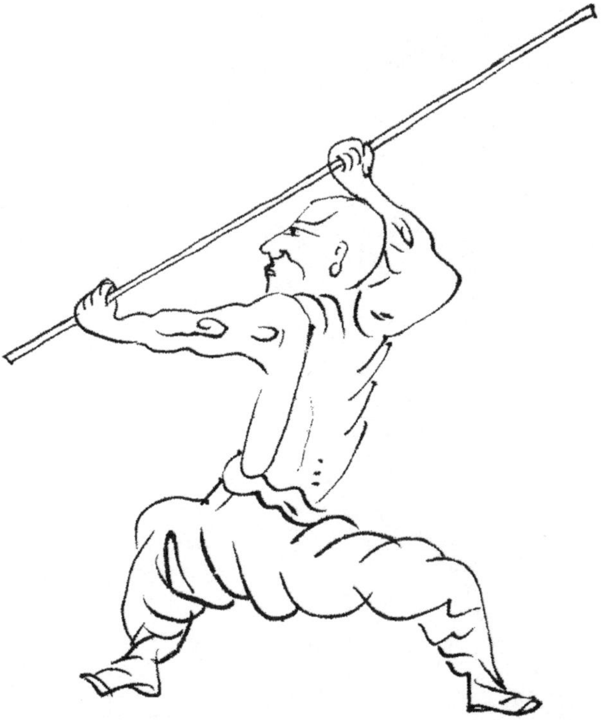

此勢抱中平槍法
鎖口扎、兩閉扎、
提脇扎、刺心扎、
窩肚扎、高骨扎、
對膝扎、尾閭扎、
腰骨扎、兩腎扎、
對心扎、兩膊扎、
對口扎、天腰扎、

此乃八八六十四棍同槍法。

少林六合棍

八打八不打，
八剛十二柔，
槍棍皆一理，
總是短打湊。
此勢
群槍妙法，死中求活，十槍奇變。

此勢
玉女抱琵琶
存流腰盤似跨馬，
封槍撥箭實不假。
棍裡藏身身藏棍，
左右倒提摘金瓜。
黃龍擺尾回身轉。
四封四閉加插花。
燕子雙飛二十四，
一步提路甚堪誇。

機密總鑰

分金截脈實難是，集訂書紙未失轉。
乾天坤地分子午，春夏秋冬對落盤。
得節受氣未得節，取定時刻似羊眠。
子時生陽陽生陰，未恐學習學不全。
天根月窟陰陽翻，陰陽不接氣量斷。
六十花甲要背記，分金截脈有何難。
要訣總是少林傳。

甲子奎、乙丑婁、丙寅胃、丁卯昂、戊辰畢、己巳觜、庚午參、辛未井、壬申鬼、癸酉柳、甲戌星、乙亥張、丙子翌、丁丑軫、戊寅角、

己卯亢、庚辰氐、辛巳房、壬午心、癸未尾、甲申箕、乙酉斗、丙戌牛、丁亥女、戊子虛、己丑危、庚寅室、辛卯壁、壬辰奎、癸巳婁、甲午胃、乙未昴、丙申畢、丁酉觜、戊戌參（點校：原稿為「申」）、己亥井、庚子鬼、辛卯柳、壬寅星、癸卯張、甲辰翌、乙巳軫、丙午角、丁未亢、戊申氐、己酉房、庚戌心、辛亥尾、壬子箕、癸丑斗、甲寅牛、乙卯女、丙辰虛、丁巳危、戊午室、己未壁、庚申奎、辛酉婁、壬戌胃、癸亥昴。

動靜有時，消長有數，八卦可推，曆律可契。四時依候，子午定機，陽生於子，陰生於午，陰陽消長，而變化之理，皆得自然。

夏至陰生，冬至陽生，以定始終之氣。午時陰生，子時陽生，月有三百六十時，年有三百六十日，天有三百六十六度，人有三百六十六節。

立春節順生、雨水氣逆生，日躔，娵訾（亥）之次，宜用甲、卯、丙、午、庚、酉、壬、子時；

驚蟄節、春分氣，日躔降婁（戌）之次，宜用艮、寅、巽、巳、坤、申、乾、亥時；

清明節、穀雨氣，乃日躔大樑（酉）之次，宜用癸、丑、乙、辰、丁、未、辛、戌時；

立夏節、小滿氣，日躔實沉（申）之次，宜用甲、卯、丙、午、庚、酉、壬、子時；

芒種節、夏至氣，日躔鶉首（未）之次，宜用艮、寅、巽、巳、坤、申、乾、亥時；小暑節、大暑氣，日躔鶉火（午）之次，宜用癸、丑、乙、辰、丁、未、辛、戌時；

立秋節、處暑氣，日躔鶉尾（巳）之次，宜用甲、卯、丙、午、

庚、酉、壬、子時；

白露節、秋分氣，日躔壽星（辰）之次，宜用艮、寅、巽、巳、坤、申、乾、亥時；

寒露節、霜降氣，日躔大火（卯）之次，宜用癸、丑、乙、辰、丁、未、辛、戌時；

立冬節、小雪氣，日躔析（點校：原稿為「杵」）木（寅）之次，宜用甲、卯、丙、午、庚、酉、壬、子時；

大雪節、冬至氣，日纏星紀（丑）之次，宜用艮、寅、巽、巳、坤、申、乾、亥時；

小寒節、大寒氣，日纏元枵（子）之次，宜用癸、丑、乙、辰、丁、未、辛、戌時。

乾、坤、辰、巽，為天地之鼇界，日月之止所。使之循環，作天地

人鬼之門；使之更化，司水火風雲之四輪。

流行造物，宰陰陽之呼吸，統四氣六道，測天地之造化，藉日月之精光。無極而太極，大極動而生陽，動極而靜，靜極而生陰，靜極而復動。一動一靜，互為其根，分陰分陽，兩儀立焉。

春

乾天坤地分子午，
泥丸當中明天谷。
陰陽交會前後轉，
天腰玉枕兼風府。

夏

龍虎交會皆一理，
天根月窟在海底。
分筋截脈點時刻，
高骨撩陰轉尾閭。

秋

子午全是陰陽換，
十二樓上取氣管。
腮底內藏子午穴，
陰陽不接放心寬。

冬

分開乾離定子午，
乳下兩閉同天鼓。
汞龍鉛虎陰陽會，
天地乾坤在手足。

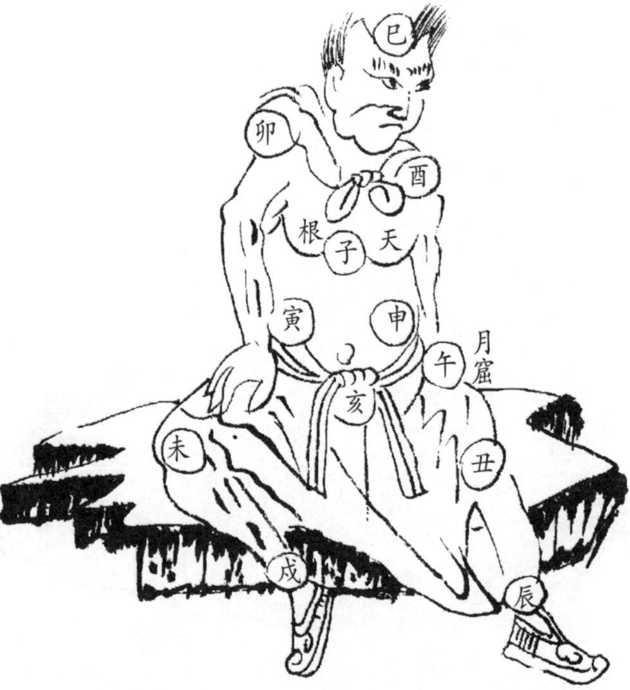

正月一日，癸巳申，正三刻後，日躔娵訾之次，宜用甲丙庚雨水，壬時正月中，日出卯，正三刻九分，日入酉，初一刻六分，晝四十二刻十二分，夜五十三刻三分。

二月一日，癸亥酉，初一刻後，日躔降婁之次，宜用艮巽春分，坤乾時，二月中，日出卯，正初刻，日入酉正，初刻，晝四十八刻，夜四十八刻。

三月三日，申午卯，正一刻，日躔大樑之次，宜用癸乙丁穀雨，辛時，三月中，日出卯，初一刻六分，日入酉，正二刻九分，晝五十三刻三分，夜四十二刻十二分。

四月四日，乙丑辰，初一刻後，日纏實沉之次，宜用甲丙庚壬時，日出寅、正三刻二分，日入戌，初初刻十四分，晝五十七刻十三分、夜三十刻二分。

五月是月六日，丙申申，正一刻後，日纏鶉首之次，宜用艮巽夏至，乾坤時，五月中，日出寅，正二刻五分，日入戌，一陰生，初一刻十分，晝五十九刻五分，夜三十六刻十分。

六月是月八日，戊辰寅，初一刻後，日纏鶉火之次，宜用癸乙丁辛時，日出寅，正三刻一分，日入戌，初刻十四分，晝五十七刻三分，夜三十八刻二分。

七月是月九日，己亥巳，初二刻後，日躔鶉尾之次，宜用處暑，甲丙庚壬時，七月中，日出卯，初一刻六分，日入酉，正二刻九分，晝五十三刻三分，夜四十二刻十二分。

八月是月十一日，庚午卯，初三刻後，日纏壽星之次，宜用艮巽坤乾時，日出卯，初三刻七分，日入酉，正初刻八分、晝四十九刻，夜四十六刻十四分。

九月是月十一日，庚子未，初二刻後，日纏大火之次，宜用癸乙丁辛時，日出卯正二刻二分，日入酉，初一刻十三分，晝四十三刻十一分，夜五十刻四分。

十月是月十一日，庚午巳，初一刻後，日躔析（點校：原稿為「杵」）木之次，宜用甲丙庚壬時，日出辰，初初刻六分，日入申，正三刻九分，晝三十九刻三分，夜五十六刻十二分。

十一月是月十一日，己亥亥初二刻後，日躔星紀之次，冬至，宜用艮巽坤乾時，十一月中，日出辰，初一刻十分，一陽生，日入申，正二刻五分，晝三十六刻十分，夜五十九刻五分。

十二月十月十一日，巳巳辰，初三刻後，日纏元枵之次，宜用癸乙丁辛時，日出辰，初初刻十四分，日入申，正三刻一分，晝三十八刻二分，夜五十七刻十三分。

正月晝，一時七刻二分，夜一時八刻六分七厘（點校：原稿為「尼」）五毫（點校：原稿為「毛」）。

二月晝，一時八刻。

三月晝，一時八刻六分七厘五毫，夜，一時七刻二分。

四月，晝，一時九刻五分九厘一毫，六系，夜一時六刻二分八厘三毫，三系。

五月，晝，一時九刻七分八毫，三系，夜一時六刻一分六厘六毫，六系。

六月，晝，一時九刻，五分九厘一毫，六系，夜一時六刻一分八厘三毫，三系。

七月，晝，一時八刻六分七厘五毫，夜一時七刻二分。

八月，晝，一時八刻一分四厘一毫，六系，夜一時七刻七分三厘三毫，三系。

九月，晝，一時七刻三分八毫，三系，夜一時八刻五分六厘六毫，六系。

十月，晝，一時六刻四分二厘五毫，夜一時九刻四分五厘。

十一月，晝，一時六刻一分六厘六毫，六系，夜一十九刻七分八毫，三系。

十二月，晝，一時六刻二分八厘三毫，三系，夜一時九刻五分九厘一毫，六系。

增補短打截脈說略

四時者，春夏秋冬。換節移氣，陰陽交會之時也。一年有一年之春夏秋冬，一日有一日之春夏秋冬，故子午卯酉月，宜用艮巽坤乾時；辰戊丑未月。宜用癸乙丁辛時；寅申己亥月，宜用甲丙庚壬時，皆截其未交將交之時，而使之隔絕不交也。

一年之春夏秋冬，按月論得節受氣未得節。一日之春夏秋冬，按時取定時刻似羊眠。無論年月日時刻，均由寅上起。

正七四十月，寅申已亥月，截子午卯酉時，順生。

二五八十一月，子午卯酉月，截申巳寅亥時，逆生。

三九六十二月，辰戌丑未月、截辰戌丑未時，時生。

春　寅（截）卯（取子）、卯（截）寅（取丑）、辰（截）丑（取寅）。

夏　巳（截）午（取卯）、午（截）巳（取辰）、未（截）辰（取巳）。

秋　申（截）酉（取午）、酉（截）申（取未）、戌（截）未（取申）。

冬　亥（截）子（取酉）、子（截）亥（取戌）、丑（截）戌（取亥）。

槍法總論

一槍進裡門，他若封槍，我扎他鎖口，封也在他，不封也在他，我扎他貼背，掣身跳出。

二槍外門上槍，他若封槍，裏門扎他五虎奪門，他若再封，我用領扎挑出。

三槍往外門上槍，他若封槍，裏門扎他當面提蘆，破扎挑出。

四槍往外門上槍，他若封槍，往裏門扎他烏龍入海，他若攔槍，我扎他眉頭，他若再封，我扎他白兔奪窩，他若起槍，我纏封跳出。

五槍我用上丁字，他要封槍，我使左槍，他若跟來上扎，我用連封代扎，他若封槍，我使捆槍跳出。

六槍我是拗步，他若上槍，我用梅花提蘆，他若起槍，我扎他猢孫啃（點校：原稿為「懇」）梨，他若封槍，我用捆槍進步，他若轉槍，我扎他巧女引針挑出。

七槍他使回馬槍，我用四平槍急跟，他若封槍，我扎他虎抱頭，破扎跳出，迎進也可，纏進也可。

八槍腰步上蓋，他若轉槍，我扎他左插花，他若用梅花提蘆，我扎他左邊肚，他若起槍，我纏封跳出。

九槍我使黃龍探爪，他若封槍，我用左槍，他若順步提蘆，我用挑槍，他用纏封，我用纏扎跳出。

十槍我用烏龍擺尾，掛撻跳出，使槍他腰步，他跟上來扎我，使梅花提蘆。他若起槍，我扎他布心，他若封槍，我捆槍進步，扎他左靠山，他若再封，扎他右靠山跳出。

大展好書　好書大展
品嘗好書　冠群可期

大展好書　好書大展
品嘗好書　冠群可期